# AI 리터러시 역량과 미래 대학 교육

AI문고

인공지능 시대입니다. 기계가 인간의 인지를 대신하고, 사물이 인간을 통하지 않고 다른 사물과 직접 커뮤니케이션합니다. 이에 따른 인간 삶과 문명 변화를 정확히 이해·예측·대응하는 것은 이 시대 우리 모두의 과제입니다. AI문고는 인공지능 기술과 환경의 여러 주제를 10가지 키워드로 정리합니다. 관련 개념과 이론, 학계와 산업계의 쟁점, 우리 일상의 변화를 다룹니다. 인간과 기술의 현재, 미래를 세심히 분석합니다.

일러두기

- 인명, 작품명, 저서명, 개념어 등은 한글과 함께 괄호 안에 해당 국가의 원어를 병기했습니다.
- 외래어 표기는 현행 어문규정의 외래어표기법을 따랐습니다.
- 이 저서는 2025년도 정부(과학기술정보통신부)의 재원으로 정보통신기획평가원의 지원을 받아 수행된 연구임.
  (No.RS-2025-02217259, 뇌인지 다학제 국제 거버넌스 기반 인공지능 편향성 검출-교정-설명가능 지능적 자율진화 플랫폼 개발)
- 원고의 완성도를 높이기 위해 참고문헌의 검색 및 요약, 맞춤법 확인에 AI를 보조적으로 활용하였습니다. AI가 생성한 모든 결과물은 저자의 검토와 사실 확인을 거쳐 반영되었습니다.

처음이세요?

전문가세요?

# AI 리터러시 역량과 미래 대학 교육

김홍규

대한민국, 서울, 커뮤니케이션북스, 2025

AI 리터러시 역량과 미래 대학 교육

지은이 김홍규
펴낸이 박영률

초판 1쇄 펴낸날 2025년 5월 29일

커뮤니케이션북스(주)
출판 등록 2007년 8월 17일 제313-2007-000166호
02880 서울시 성북구 성북로 5-11
전화(02) 7474 001, 팩스(02) 736 5047
commbooks@commbooks.com
www.commbooks.com



ISBN 979-11-430-0286-0 03500

책값은 뒤표지에 표시되어 있습니다.

# 차례

# AI 시대의 교육 혁신

오늘날 우리는 기술이 인간의 인지 능력과 판단을 점점 더 보완하거나 대체하는 인공지능(Artificial Intelligence, 이하 AI)의 시대를 살아가고 있다. AI 기술은 이미 일상 생활에서부터 산업 전반에 이르기까지 폭넓게 적용되며 우리의 생활과 업무 방식을 근본적으로 변화시키고 있다. 스마트폰의 음성 비서 기능부터 자율주행 자동차, 의료 진단을 돕는 AI 시스템, 금융 투자 결정을 지원하는 알고리즘까지 그 적용 범위는 매우 광범위하다. 이는 단순히 효율성과 생산성 향상을 위한 기술적 변화만을 의미하는 것이 아니라, 인간의 역할과 존재 방식, 그리고 사회적 가치에 대한 깊이 있는 성찰을 요구하는 시대적 변화를 의미한다.

AI는 단순히 특정 산업 영역의 기술적 도구가 아니라, 인간과 기계의 관계 자체를 재구성하는 거대한 전환의 축이다. 인간은 지식의 주체이자 전달자에서 점차 협력자이자 설계자로 자리매김하고 있으며, AI는 인간의 한계를 보완하면서 동시에 새로운 윤리적 · 사회적 문제를 야기한다. 이러한 변화는 교육에 있어서도 단순한 기술의 채택을 넘어서, '무엇을 가르칠 것인가'와 '어떻게 가르칠 것인가'라는 근본적 질문을 새롭게 제기한다.

특히 교육 분야에서는 AI 기술의 도입과 활용이 교육 목적과 방법에 대한 근본적인 재검토를 촉진하고 있다. 전통적인 일방향적 지식 전달 방식에서 벗어나 학습자의 개별 특성과 학습 패턴, 이해 속도와 관심 분야를 정교하게 분석해 최적화된 맞춤형 교육 시스템 구축이라는 혁신적 변화를 이끌고 있다. 이는 학습자 중심의 자기주도 학습 환경을 조성해 학습의 효율성과 효과를 크게 증대시키고 있다.

여기에 더해, AI 기반 분석은 단지 성적이나 학습 결과에 대한 피드백을 제공하는 수준을 넘어, 학습자 개개인의 심리적 동기와 감정 상태까지 분석해 정서적 지지까지 가능하게 만드는 방향으로 발전하고 있다. 예를 들어, 감정 인식 기술과 연계된 학습 시스템은 학습자의 집중도나 스트레스 수준 등을 실시간으로 분석해 적절한 휴식이나 학습 방법 전환을 제안할 수 있다. 이처럼 AI는 학습을 단순한 정보 전달에서 벗어나 인간 경험 전반을 반영하는 정서 지능 기반의 체계로 진화시키고 있다.

그러나 AI 시대의 교육 혁신은 단순히 기술적 활용에

그쳐서는 안 된다. AI 기술의 활용은 지식 습득의 효율성을 높일 뿐 아니라, 학습자들의 창의적 사고와 비판적 판단 능력, 윤리적 성찰을 강화하는 방향으로 전환되어야 한다. AI의 활용이 증가할수록 인간적인 가치를 중심으로 하는 교육이 더욱 중요해지고, AI 기술의 윤리적이고 사회적인 영향을 이해하고 이를 책임 있게 관리할 수 있는 역량을 키우는 것이 필수적이다. 이는 교육이 기술을 수동적으로 수용하는 데 머물지 않고, 인간 중심의 철학과 윤리적 기준에 입각해 능동적으로 재구성되어야 함을 뜻한다.

따라서 AI 시대의 교육 혁신은 단순히 기술 도입의 수준에 머무르는 것이 아니라, 기술의 발전과 인간 중심적 가치 사이의 균형을 근본적으로 재설계해야 하는 과제에 직면해 있다. 여기서 말하는 균형이란 단순한 절충이 아니라, 교육의 철학적 지향점과 기술적 진보가 상호 보완적으로 작동하도록 만드는 구조적 변화다. 교육의 본질적 목표와 방식을 새롭게 정립함으로써, AI 시대에 적합한 학습 생태계를 구축하는 데까지 나아가야 한다.

지속 가능한 교육 혁신을 위해서는 기술적 요소뿐만 아니라, 교육 제도와 정책, 그리고 이를 실현할 수 있는 교수자 역량과 학습 환경 인프라까지 통합적으로 고려되어야 한다. 특히 교육 행정 차원에서는 장기적이고 체계적인 AI 교육 전략을 수립하고, 교수자 연수 프로그램에서는 기술 사용법뿐 아니라 교육적 맥락에 기반한 비판적 활용 역량을 함양하는 방향으로 전환되어야 한다. 동시에 학습자 중심의 환경을 구축할 수 있는 물리적 · 디지털 인프라에 대한 투자가 병행되어야 하며, 이를 통해 전반적인 교육 생태계의 질적 전환을 추동할 수 있어야 한다.

이러한 다차원적 접근은 분절적인 시도나 단기적 프로젝트로는 달성하기 어렵기 때문에 학제 간 협업과 정책 연계, 지속 가능한 예산 확보 등을 포함한 거시적 전략 속에서 추진되어야 한다. 교육 혁신은 개별 기술의 도입이 아닌, 교육 철학과 사회 비전이 결합된 장기적 과제로 인식될 때 비로소 현실 속에서 실질적인 변화를 이끌어 낼 수 있다.

AI 기술은 이미 다양한 분야에서 지식 전달과 학습 경험을 혁신적으로 변화시키고 있다. 교육 현장에서 가장 주목할 만한 변화는 학습자의 개인화된 요구를 정밀하게 반영하는 개인 맞춤형 학습 시스템의 등장이다. 기존의 전통적인 교수법에서는 모든 학습자에게 동일한 내용을 동일한 방식으로 전달함으로써 학습자의 개별적 특성과 차이를 충분히 고려하지 못하는 한계가 있었다. 그러나 AI 기술은 학습자의 학습 속도, 학습 패턴, 이해 수준, 흥미 등을 면밀히 분석해 맞춤화된 학습 콘텐츠와 경로를 제공할 수 있다. 이러한 개인 맞춤형 학습은 학생 개개인의 학습 동기를 증진시키고 학습 효율과 성과를 개선하는 것으로 나타나고 있다.

이러한 변화는 단지 기술적인 최적화 수준에 그치지 않는다. AI 기반의 맞춤형 교육은 학습자의 잠재력과 흥미를 중심에 두고 자기 주도 학습 역량을 강화할 수 있도록 설계되어야 한다. 이는 교육을 일방적인 정보 전달에서 벗어나 상호 작용적이고 반응적인 과정으로 재구성하는 데 기여한다. 나아가 학습자의 사고 유형, 선호하는 학습 양식, 정서 상태 등 보다 정교한 학습 변수들을 고려할 수 있는 시스템은, 과거의 일률적 교육 방식이 간과했던 개인 차원을 섬세하게 반영함으로써 교육의 질을 근본적으로 제고할 수 있다.

또한 AI는 자동화된 피드백을 통해 학습자의 이해도와 진전을 실시간으로 평가하고 즉각적으로 필요한 도움을 제공할 수 있다. 자동화된 피드백은 학습자가 학습 과정에서 겪을 수 있는 혼란과 어려움을 최소화하며, 지속적이고 즉각적인 개선을 가능하게 한다. 특히 이러한 피드백 시스템은 교수자의 업무 부담을 줄이고, 교수자는 보다 창의적이고 심층적인 교수 활동에 집중할 수 있게 한다.

여기에 더해 자동화된 평가 시스템은 단지 정답과 오답을 구분하는 기계적 채점 기능을 넘어서, 학습자의 개념 이해 정도, 문제 해결 접근 방식, 논리 전개의 구조 등을 분석하는 방향으로 진화하고 있다. 이러한 정성적 평가의 기계 학습은 교육의 개별화뿐 아니라 교육 철학의 전환을 요구하는 시점으로, 교육자는 AI의 평가 결과를 단순히 수용하기보다는 해석하고 조정할 수 있는 역량을 갖추어야 한다. 이러한 맥락에서 AI는 교육자의 조력자이자 분석 파트너로 기능하며, 양자 간의 상호 작용을 통해 더욱 풍부한 교육 성과가 창출될 수 있다.

이러한 기술 혁신은 교육의 효과와 효율성을 크게 향상시키고 있으며, 전통적인 교육의 한계를 뛰어넘는 새로운 가능성을 지속적으로 제시하고 있다. 그러나 이러한 기술 중심적 접근은 동시에 여러 도전 과제와 구조적 한계를 동반한다.

첫째, 기술 의존도가 높아짐에 따라 데이터 프라이버시(privacy)와 보안 문제가 심각한 사회적 이슈로 부상하고 있다. 학습자의 개인 데이터를 분석하고 활용하는 과정에서 개인 정보가 유출되거나 부적절하게 활용될 위험이 존재하며, 이에 대한 명확한 가이드라인과 관리 체계는 여전히 미비한 수준이다. 특히 학습 이력, 정서 분석 데이터, 뇌파 정보 등 고도로 민감한 정보들이 수집되는 경우, 단순한 보안 문제를 넘어 심리적 안전과 인권 침해의 가능성까지 제기된다. 따라서 기술 도입과 병행해 데이터 주권(data sovereignty)을 강화하고, 사용자 중심의 데이터 통제권을 제도적으로 보장하는 노력이 반드시 병행되어야 한다.

둘째, AI 기술이 가지는 알고리즘 편향성(bias)과 불투명성(opacity) 문제는 교육의 공정성과 신뢰성을 해칠 수 있는 심각한 우려를 낳고 있다. AI 시스템은 기본적으로 방대한 학습 데이터에 기반해 작동하므로, 데이터에 내재된 사회적 편견이나 차별 요소가 그대로 알고리즘에 반영될 수 있다. 이는 특정 집단, 지역, 성별, 계층에 대한 불공정한 학습 기회 제공이나 평가 편향으로 이어질 수 있으며 교육의 형평성을 훼손하는 결과를 낳는다. 더불어 AI의 판단 과정이 '블랙박스(black box)'처럼 작동할 경우, 학습자와 교수자는 그 결과를 신뢰하기 어렵고 책임의 소재 또한 불분명해질 수 있다.

이러한 문제를 해결하기 위해서는 알고리즘의 투명성

(transparency)을 높이고, 편향 가능성을 지속적으로 모니터링할 수 있는 기술적 · 윤리적 검증 체계가 필요하다. 예컨대, 교육용 AI 시스템에 대한 외부 감사 및 공정성 평가, 학습자-교수자 피드백 기반의 알고리즘 조정 메커니즘, 설명 가능한 AI(eXplainable AI, XAI)의 구현 등이 적극적으로 검토되어야 한다. 교육 현장은 AI를 단지 '사용하는' 공간이 아니라, 기술의 신뢰성과 책무를 함께 감시하고 계발하는 '비판적 실천 공간'이 되어야 한다.

셋째, AI 기술의 급속한 발전은 디지털 격차(digital divide)와 교육 불평등을 더욱 심화시킬 위험이 있다. 기술 접근성이 낮거나 디지털 활용 능력이 부족한 학습자, 교육 인프라가 열악한 지역 또는 소외 계층은 최신 AI 기반 교육의 혜택에서 소외될 수 있으며, 이는 기존의 교육 불평등을 더욱 고착화하는 결과를 초래할 수 있다. 특히 지역 간, 세대 간, 소득 계층 간 격차는 AI 시대 교육에서 정보 격차를 넘어 기회 격차로 확대될 수 있다.

이러한 상황에 대응하기 위해서는 공공 주도의 디지털 교육 인프라 확대, 소외 계층 대상의 디지털 역량 강화 프로그램, 보편적 기술 접근권 보장 정책이 병행되어야 한다. 또한 교육용 AI 시스템 설계 단계에서부터 '포용성(inclusiveness)'을 핵심 설계 원칙으로 삼아야 하며, 다양한 문화 · 언어 · 인지적 특성을 반영한 다언어 및 다문화 학습 인터페이스 개발 또한 시급하다.

마지막으로, AI 기술의 윤리적 함의와 사회적 책임 문제는 교육 현장에서 반드시 다뤄야 할 핵심 주제다. AI가 인간의 역할과 판단을 대체하는 과정에서 발생하는 윤리적 문제들–책임의 분산, 결정권의 상실, 인간 존엄성의 침해 가능성 등–은 교육 초기 단계부터 학습자들이 숙고하고 토론할 수 있도록 교육 과정 속에 구조화되어야 한다.

이를 위해 'AI 리터러시'는 단순한 기술 활용 능력에 그치지 않고 기술의 작동 원리, 사회적 영향, 윤리적 쟁점까지 통합적으로 이해하는 비판적 역량으로 확장되어야 한다. 이러한 리터러시(literacy)는 학생들에게 AI 기술을 맹목적으로 수용하기보다는 그것을 분석하고, 판단하고, 책임 있게 사용할 수 있는 능력을 부여하며, 결국 AI 기술과 함께 살아갈 시민으로서의 성찰적 태도를 형성하는 데 기여한다.

그렇기에 AI 리터러시 역량은 단지 정보 기술이나 컴퓨터 과학 과목에만 국한되어서는 안 된다. 오히려 철학, 윤리, 사회학, 미디어 연구와 같은 다양한 인문사회과학

분야와의 통합을 통해 그 의미가 심화되어야 한다. 예를 들어, 대학 문학 강좌에서 AI가 생성한 글과 인간이 작성한 글을 비교하는 활동, 사회학 세미나에서 알고리즘 편향성이 사회 구조에 미치는 영향을 분석하는 토론, 또는 윤리학 강의에서 자율주행차의 트롤리 딜레마를 시뮬레이션하는 프로젝트 등은 AI 리터러시를 비판적 사고와 시민적 성찰로 연결하는 실용적 교육 방법이 될 수 있다. 더불어 대학 수준에서는 학제 간 연구 프로젝트, 컴퓨터 과학과 인문학 학과 간의 협력 작업, 그리고 AI의 인식론적 기반을 탐구하는 전문 세미나 등을 통해 학생들이 새로운 기술에 대해 정교하고 사려 깊은 방식으로 참여할 수 있는 능력을 더욱 향상시킬 수 있는 것이다.

AI 리터러시 교육은 단순히 기술을 '잘 다루는' 능력에 그치는 것이 아니라 기술과 인간, 기계와 사회, 자동화와 책임 사이의 긴장과 균형을 인식하고 성찰하는 능력을 기르는 것을 포함해야 한다. 따라서 대학 교육은 기술 전문성과 함께 윤리적 감수성, 사회적 상상력, 문제 해결 능력을 통합적으로 함양할 수 있는 학습 환경을 제공해야 한다. 이는 결국 AI 시대의 '인문학적 소양을 갖춘 테크놀로지 시민' 양성이라는 교육의 궁극적 지향점과도 맞닿아 있다.

이러한 교육적 전환을 가능하게 하기 위해서는 교육과정 전반에 AI 리터러시를 통합하는 체계적인 커리큘럼 설계가 필요하다. 각 전공 영역에서 AI와 관련된 맥락을 찾아내고, 이를 문제 중심 학습(Problem-Based Learning, 이하 PBL), 사례 기반 분석(case study) 등의 방법론과 접목해 학생들이 이론과 실제를 통합적으로 학습할 수 있도록 해야 한다. 동시에 교수자들에 대한 재교육 및 연수도 병행되어야 하며, 이는 단순한 기술 연수에 머무르지 않고, AI의 교육적 활용과 철학적 함의를 깊이 이해할 수 있는 다학제적 프로그램으로 구성되어야 한다.

궁극적으로 AI 리터러시 교육은 학습자 개개인이 기술을 둘러싼 사회적 문제를 주체적으로 인식하고 대응할 수 있는 능력을 키우는 것을 목표로 삼아야 한다. 이는 AI 기술의 수동적 사용자에서 벗어나, 기술을 비판하고 설계하며 책임지는 능동적 참여자로서의 시민을 길러 내는 과정이다. 교육은 기술에 적응하는 것이 아니라 기술과 함께 더 나은 인간성과 사회를 설계해 나가는 과정이어야 한다.

이러한 비전은 실제 대학 교육 현장에서의 구체적인 실천 전략을 통해 실현되어야 한다. 첫째, 학습자의 개별적 특성과 요구에 맞춘 맞춤형 교육 프로그램의 개발이다. AI 기반의 정교한 학습 지원 시스템은 학습자의 성향, 선호도, 학습 이력을 분석해 최적화된 학습 콘텐츠와 경로를 설계할 수 있다. 이를 통해 학생들은 자신의 속도와 방식에 맞는 학습을 수행할 수 있으며, 이는 학습 동기의 강화와 자기 주도성 함양에 결정적인 역할을 한다.

둘째, 실감형 기술을 적극적으로 활용해 보다 몰입도 높은 학습 환경을 구축하는 것도 실천 전략의 핵심이다. VR, AR, 메타버스와 같은 기술은 단지 기술적 경험을 제공하는 것을 넘어서 학습자가 현실 세계의 문제를 가상 공간에서 시뮬레이션하고 실험해 볼 수 있는 기회를 제공한다. 예를 들어 가상 병동에서의 간호 시뮬레이션, 역사적 사건을 재현한 몰입형 체험, 글로벌 팀 프로젝트를 위한 가상 회의 공간 등은 모두 실천적 사고와 협업 능력을 길러 주는 도구가 될 수 있다.

셋째, 교수자와 AI 시스템이 상호 보완적으로 작동하는 협력적 교육 환경을 설계하는 것이 필요하다. AI가 학습 분석, 개인 맞춤형 피드백, 콘텐츠 추천과 같은 정형적 · 반복적 기능을 수행하는 동안, 교수자는 학습자의 정서적 돌봄, 윤리적 논의 유도, 비판적 사고 촉진 등 보다 인간적인 역할에 집중할 수 있다. 이러한 분업과 협업은 교육의 질을 높이는 데 크게 기여할 수 있으며, 교수자의 전문성과 교육적 개입이 더욱 전략적이고 의미 있게 발휘될 수 있도록 한다.

넷째, 이러한 실천 전략이 효과적으로 작동하기 위해서는 제도적 기반과 정책적 지원이 뒷받침되어야 한다. 정부 차원에서의 장기적인 AI 교육 정책 수립, 교육기관의 행정적 유연성 확보, 안정적이고 지속적인 재정 지원, 그리고 교수자의 전문성 강화를 위한 연수 프로그램 등이 복합적으로 설계되어야 한다. 특히 이러한 제도적 조건들은 단기적 캠페인이 아닌, 지속 가능한 혁신 생태계를 조성하는 장기 전략의 일환으로 추진되어야 한다.

다섯째, 대학은 지역 사회 및 산업과 연계해 실천적 협력 모델을 구축할 수 있다. 지역 문제를 AI 기반으로 해결하는 프로젝트, 기업과 공동으로 개발하는 산학 연계 교육 콘텐츠, 공공기관과 협업한 윤리적 AI 실험 등이 그 예다. 이를 통해 학생들은 실제 사회와 연결된 실천적 학습을 경험하며, 이론과 현실의 괴리를 극복하는 통합적 역량을 기를 수 있다.

마지막으로, AI 시대의 교육 혁신이 성공적으로 정착하기 위해서는 교육의 철학적 근거와 미래 비전을 명확히 정립할 필요가 있다. 기술과 인간, 자동화와 창의성,

효율성과 윤리적 책임 사이의 균형 잡힌 통합은 단지 수사적 구호가 아니라 실질적인 교육 설계와 정책 결정의 기준으로 자리 잡아야 한다. 급변하는 디지털 환경에서 교육이 본연의 목적을 잃지 않으면서도 혁신을 수용하는 것은, 현시대 교육자와 정책 입안자들이 직면한 가장 본질적인 과제 중 하나다.

AI가 반복적이고 기계적인 과업을 빠르고 정확하게 대체해 나갈수록, 교육은 인간 고유의 능력—즉 비판적 사고력, 창의성, 공감 능력, 윤리적 판단력 등—을 중심으로 재편되어야 한다. 이러한 능력은 단순히 지식 전달로는 기르기 어렵기 때문에, 교육은 인간 내부의 자율성과 성찰을 끌어내는 방향으로 전환되어야 한다. 이는 AI 시대에 교육이 수행해야 할 핵심적 역할이자, 교육이 기술을 통제하고 이끄는 문화적 지혜로 기능하는 길이기도 하다.

우리는 기술 발전의 속도에 발맞추어 교육 방법론을 혁신해야 하되, 동시에 인간 중심의 가치관을 견고히 유지해야 한다. 기술적 진보가 인간성을 위협하거나 대체하는 방향이 아니라, 오히려 인간 고유의 가치를 조명하고 강화하는 방향으로 작동하도록 교육이 적극적 개입을 해야 한다. 이는 교육이 단지 사회 변화에 수동적으로 대응하는 것이 아니라, 기술 사회의 방향성을 설정하는 윤리적 주체로 기능해야 함을 의미한다.

결국 AI 시대의 교육 혁신은 기술 그 자체에 대한 탐구를 넘어, 인간이 어떤 존재인가에 대한 근본적인 질문과 맞닿아 있다. '우리는 어떤 인간을 길러내고자 하는가?', '어떤 사회를 꿈꾸고 있는가?'. 이 책이 제안하는 교육적 통찰과 전략들은 이러한 물음에 대한 실천적 응답이자, 지속 가능한 교육 생태계를 구축하기 위한 출발점이 될 것이다.

## 참고문헌

김진석 외(2021). 《인공지능 리터러시 교육의 이해와 실제》. 한국문화사.

손화철(2016). "인공지능 시대 인간의 자리". 《윤리학》, 55~80쪽.

이상욱(2022). "유네스코 〈인공지능 윤리 권고〉 이행과 국제협력". 《유네스코 이슈 브리프》, 2022.

Baker, R. S. & Inventado, P. S.(2014). Educational data mining and learning analytics. In Larusson, J. A. & White, B.(eds.). Learning Analytics, pp.61~75. Springer.

Brynjolfsson, E. & McAfee, A.(2014). *The second machine age: Work, progress, and prosperity in a time of brilliant technologies.* WW Norton & Company. 이한음 옮김(2014). 《제2의 기계 시대: 인간과 기계의 공생이 시작된다》. 청림.

Dalgarno, B. & Lee, M. J.(2010). What are the learning

affordances of 3-D virtual environments?. *British Journal of Educational Technology, 41*(1), pp.10~32.

Luckin, R. et al.(2016). *Intelligence unleashed: An argument for AI in education.* Pearson Education.

Noble, S. U.(2018). *Algorithms of oppression: How search engines reinforce racism.* NYU Press.

OECD(2020). *Digital transformation in education.* OECD Publishing.

O'Neil, C.(2016). *Weapons of math destruction: How big data increases inequality and threatens democracy.* Crown Publishing Group. 김정혜 옮김(2017). 《대량살상 수학무기: 어떻게 빅데이터는 불평등을 확산하고 민주주의를 위협하는가》. 흐름.

UNESCO(2021). *AI and education: Guidance for policy-makers.* UNESCO Publishing.

01

# AI 시대와 리터러시 역량

AI 시대에는 정보를 이해하고 활용하는 능력이 필수적이다. AI 리터러시는 단순한 기술 습득이 아니라 비판적 사고, 창의적 문제 해결, 윤리적 판단을 포함하는 종합적 역량이다. AI 리터러시의 개념과 중요성을 살펴보고, 개인과 사회가 변화하는 환경에 적응하기 위해 어떤 역량을 갖춰야 하는지 논의한다.

AI와 1인 창업?

## AI 리터러시란 무엇인가

리터러시(literacy)는 전통적으로 읽고 쓰는 문자 해독 능력을 중심으로 이해되어 왔지만, 디지털 기술과 정보 환경의 급속한 변화는 이 개념의 외연을 크게 확장시켰다. 정보 리터러시, 디지털 리터러시, 미디어 리터러시 등은 모두 정보의 접근, 해석, 평가, 생산 능력까지 포괄하는 방향으로 발전해 왔으며, 이제 인공지능 기술이 중심이 된 사회에서는 AI 리터러시가 새로운 핵심 역량으로 부상하고 있다.

AI 리터러시는 단순히 인공지능 기술을 이해하거나 활용하는 수준을 넘어, 알고리즘의 작동 원리와 한계를 인식하고, 데이터 기반 의사 결정의 구조적 편향 가능성을 파악하며, 사회적 · 윤리적 함의에 대한 비판적 사고와 실천적 대응 능력을 포함한다. 즉, 기술적 이해와 실천을 넘어 시민의 책임과 윤리적 판단력까지 아우르는 통합적 역량으로 정의할 수 있다.

국제기구들(UNESCO, OECD 등)은 이러한 AI 리터러시를 '21세기 시민의 필수 역량'으로 규정하며, 특히 '디지털 민주시민성(critical digital citizenship)'의 기반으로 주목하고 있다. 따라서 AI 리터러시는 더 이상 선택이 아닌 필수이며, 기술의 일상화된 환경 속에서 주체적으로 사고하고 대응할 수 있는 시민적 감수성과 인식 능력의 핵심 축으로 자리 잡고 있다.

## 왜 지금 AI 리터러시가 중요한가

오늘날 인공지능 기술은 특정 산업을 넘어, 일상생활 전반에 깊숙이 통합된 환경을 구성하고 있다. 검색 엔진, 소셜 미디어, 음성 비서, 추천 알고리즘, 생성형 AI(Generative AI) 등은 인간의 인식과 판단 과정에 실질적 영향을 미치며, 사용자는 기술의 사용자이면서 동시에 기술에 의해 구성되는 존재가 되었다. 이러한 기술의 비가시적 작동과 자동화된 결정의 수용 과정은 인공지능에 대한 이해와 비판적 성찰을 요구한다.

특히 AI 시스템은 방대한 데이터를 기반으로 학습하고 의사 결정을 내리기 때문에, 편향된 데이터가 불평등을 재생산하거나 사회적 소외를 심화시킬 가능성이 크다. 예측 알고리즘의 불투명성(opacity)은 교육, 채용, 금융, 법률 등 다양한 영역에서 책임의 소재와 공정성의 문제를 야기하며, 이는 기술적 전문성뿐 아니라 시민적 감수성과 윤리적 통찰을 요구하는 상황을 만들어 낸다(O'Neil, 2016).

또한 현대 사회에서 개인은 단순한 기술의 소비자를

넘어, 데이터를 제공하고 생산하는 주체로 기능한다. 감시 자본주의(surveillance capitalism) 체제에서는 개인의 삶의 패턴과 정체성이 지속적으로 분석되고 상품화되며(Zuboff, 2019), 이는 정보 주권(information sovereignty)과 프라이버시의 새로운 윤리적 문제를 낳고 있다.

AI 리터러시는 이러한 환경에서 개인이 기술의 구조와 함의를 이해하고, 기술에 대해 비판적으로 질문하고, 윤리적으로 대응할 수 있는 능력을 갖추도록 돕는 핵심 역량이다. 기술은 중립적이지 않으며, 그 영향은 사회 구조와 권력 관계를 통해 확산된다. 따라서 AI 리터러시는 디지털 시민권의 기반이며, 개인과 사회가 함께 변화에 대응하기 위한 정보 시대의 공공적 자질로 이해되어야 한다.

## AI 리터러시의 핵심 구성 요소

AI 리터러시는 단일 기술 습득 능력을 넘어, 복합적 사고와 시민적 실천이 결합된 통합적 역량으로 이해되어야 한다. 특히 이 역량은 기술의 기능적 이해를 넘어 사회적 맥락과 윤리적 함의에 대한 인식, 그리고 적절한 활용 능력과 비판적 사고를 요구한다. 이를 구성하는 핵심 요소는 일반적으로 이해(understanding), 활용(application), 비판(critical thinking), 윤리(ethics)의 네 가지로 정의된다(UNESCO, 2021).

첫째, '이해'는 인공지능 기술의 원리와 한계를 인식하는 능력을 말한다. 예를 들어 기계학습과 알고리즘의 작동 구조, 훈련 데이터의 영향, 그리고 AI가 지닌 예측 능력의 한계 등에 대한 기본적 이해는 AI 기술의 본질을 파악하고 맹목적 수용을 방지하는 출발점이 된다(Mitchell, 2019).

둘째, '활용'은 다양한 AI 도구와 플랫폼을 목적에 맞게 비판적으로 사용할 수 있는 실천적 능력이다. 단순한 기술 조작을 넘어서, 맥락에 맞는 도구 선택과 문제 해결 전략을 수립하고, 결과물을 해석하고 응용할 수 있는 판단력이 포함된다.

셋째, '비판'은 알고리즘의 중립성 신화를 벗어나, 기술이 반영하는 권력 관계, 데이터 편향, 사회적 불평등을 인식하고 비판적으로 해석하는 역량이다(Gillespie, 2014). 이는 디지털 시민성의 핵심으로, 단지 사용자에 머무르지 않고 기술에 개입할 수 있는 능동적 시민을 길러 낸다.

마지막으로 '윤리'는 AI 사용과 설계에 있어 책임, 공정성, 투명성, 프라이버시 등의 문제를 고려하고, 기술적 결정이 초래할 수 있는 사회적 결과에 대해 성찰적 판단을 내릴 수 있는 능력을 말한다(Floridi et al., 2018). AI는 선택이 아닌 환경이 되었기에, 이 윤리적 감수성은 AI 리터러시의 필수 요소로 간주된다.

이 네 가지 요소는 개별적으로 존재하지 않으며, 상호작용적이고 통합적인 방식으로 구성된다. 기술적 이해만으로는 비판이 불가능하고, 윤리적 판단이 없는 활용은 위험하다. 따라서 AI 리터러시는 지식, 기술, 태도, 가치가 유기적으로 연결된 총체적 교육 목표이자, AI 시대의 민주적 사회를 구성하기 위한 시민적 기반이다.

## AI 리터러시 역량의 교육적 함의

AI 리터러시는 더 이상 일부 과학기술 전공자나 특정 분야의 학습자에게만 필요한 선택적 역량이 아니다. 모든 전공과 교육 단계에 걸쳐 보편적으로 요구되는 핵심 교양 역량으로 재정의되고 있으며, 이는 학습자의 기술적 이해와 활용 능력뿐 아니라 비판적 사고, 윤리적 판단, 정보 해석력까지 아우르는 통합적 사고 능력을 기반으로 한다(UNESCO, 2021).

OECD는 인공지능 시대의 교육이 단순한 기술 습득을 넘어, 인지적 복합성(cognitive complexity)과 시민적 책임(civic responsibility)을 포괄해야 함을 강조하며, AI 리터러시가 이러한 교육 방향의 중심에 있어야 한다고 지적한다. 이에 따라 AI 리터러시는 중등 및 고등교육 전반에서 전공 불문 공통 교육 과정의 핵심 요소로 통합되어야 하며, 교양 교육과 전공 교육 간의 다학제적 연계 설계가 요구된다(Bocconi et al., 2022).

이러한 변화는 교수자와 학습자 간의 관계에도 구조적 전환을 요청한다. 교수자는 더 이상 지식 전달자로 머무를 수 없으며, AI를 매개로 한 학습 환경을 설계하고 사고를 촉진하는 촉진자(facilitator)의 역할로 이동하고 있다(Selwyn, 2019). 학습자 또한 정보 수용자에서 벗어나, 데이터와 알고리즘을 주체적으로 탐색하고 해석하며 의미를 구성하는 능동적 행위자(active agent)로 재정의된다(Holmes et al., 2021).

특히 AI 리터러시는 급속히 변화하는 기술 환경 속에서 형식 학습(formal learning)뿐만 아니라 무형식 학습(informal learning)과의 연계를 통해 확장될 필요가 있다. 이미 유튜브, 오픈소스 플랫폼, 생성형 AI 도구 등은 학습자 주도의 실시간 학습 공간으로 기능하고 있으며, 이러한 흐름은 AI 리터러시를 평생학습 역량의 핵심 구성 요소로 정착시킨다.

결국 AI 리터러시는 교육 내용을 넘어서 교육 방식(pedagogy), 평가(assessment), 학습 환경(environment) 전반에 걸친 구조적 혁신을 요청한다. 이는 AI 시대에 걸맞는 교육 패러다임을 설계하기 위한 전략적 토대이며, 미래 교육 정책과 제도 설계의 핵심 방향으로 작동할 것이다.

## 미래 사회와 리터러시의 방향

AI 기술의 확산은 단순한 기술적 변화에 그치지 않고, 노동, 교육, 시민성의 구조 자체를 재편하고 있다. 자동화와 알고리즘 기반 의사 결정의 확장은 반복적 사고와 절차적 지식 중심의 교육을 넘어, 창의적 문제 해결력, 비판적 사고, 윤리적 판단력 등 새로운 인지적 역량을 요구한다(World Economic Forum, 2020).

이러한 환경에서 AI 리터러시는 단순한 생존 기술이 아니라, 자기 주도적 학습과 삶의 재설계, 그리고 사회적 전환에 능동적으로 참여하는 역량으로 기능한다. 빠르게 변화하는 직무 환경 속에서 AI 리터러시는 평생학습자로서의 능력(learnability)을 구성하고, 끊임없이 역량을 갱신하는 지속 가능성의 토대가 된다.

또한 불확실성과 복잡성이 증가하는 시대에, AI 리터

러시는 개인의 회복력(resilience)을 구성하는 핵심 요소로 주목된다. 정보 과잉, 알고리즘 편향, 기술 의존성이라는 조건 속에서도 비판적 사고와 윤리적 판단에 기반한 선택과 행동을 가능하게 하는 메타 역량이자, 사회적 혼란에 대응하는 시민적 안정성과 적응력의 조건이 된다(Scharmer & Kaufer, 2013).

요컨대 AI 리터러시는 단지 기술에 대응하는 교육이 아니라, 미래 사회를 함께 설계할 수 있는 자율성과 공동체성을 기르는 교육의 근본 틀이다. 이는 이후 장에서 논의될 교육 환경의 재구성, AI 윤리의 제도화, 정책적 실천 전략의 출발점이자 이론적 기반으로 작동할 것이다.

## 참고문헌

Binns, R.(2018). Fairness in machine learning: Lessons from political philosophy. *Proceedings of the 2018 Conference on Fairness, Accountability and Transparency(FAT).*

Bocconi, S. et al.(2022). *Developing computational thinking in compulsory education: Implications for policy and practice.* Publications Office of the European Union.

Floridi, L.(2014). *The Fourth Revolution: How the Infosphere is Reshaping Human Reality.* Oxford University Press.

Floridi, L. et al.(2018). AI4People—An Ethical Framework for a Good AI Society: Opportunities, Risks, Principles, and Recommendations. *Minds and Machines, 28*(4), pp.689~707.

Gillespie, T.(2014). *The relevance of algorithms.* In Gillespie, T. et al.(eds.). *Media Technologies: Essays on Communication, Materiality, and Society.* MIT Press.

Hanser, C. & Holstein, K.(2020). Rethinking algorithmic literacy in the age of AI. *AI & Society 35*, pp.611~623.

Holmes, W. et al.(2021). *Artificial Intelligence in Education: Promises and Implications for Teaching and Learning.* Center for Curriculum Redesign.

Livingstone, D. W.(2004). Informal learning: Conceptual distinctions and preliminary findings. *International Handbook of Educational Policy*, pp.681~701. Springer.

Mitchell, M.(2019). *Artificial Intelligence: A Guide for Thinking Humans.* Penguin.

OECD(2021). "AI and the Future of Skills: Learning for Life". https://www.oecd.org/education/ai-future-of-skills/

Redecker, C.(2017). *European Framework for the Digital Competence of Educators(DigCompEdu).* Publications Office of the European Union.

Scharmer, O. & Kaufer, K.(2013). *Leading from the Emerging Future: From Ego-System to Eco-System Economies.* Berrett-Koehler.

Selwyn, N.(2019). *Should robots replace teachers? AI and the future of education.* Polity Press.

UNESCO(2021). "AI and Education: Guidance for Policy-makers".
https://unesdoc.unesco.org/ark:/48223/pf0000376709

World Economic Forum(2020). "The Future of Jobs Report 2020".

https://www.weforum.org/reports/the-future-of-jobs-report-2020
Zuboff, S.(2019). *The age of surveillance capitalism: the fight for a human future at the new frontier of power.* Hachette Book Group. 김보영 옮김(2021). 《감시 자본주의 시대: 권력의 새로운 개척지에서 벌어지는 인류의 미래를 위한 투쟁》. 문학사상.

## 02
# 대학 교육 패러다임 전환

AI의 발전은 대학 교육의 방식과 목표를 근본적으로 변화시키고 있다. 전통적인 강의 중심 교육에서 AI 기반 맞춤형 학습으로의 전환이 가속화되며, 지식 전달보다 문제 해결과 창의적 사고가 강조된다. AI가 대학 교육에 미치는 영향을 분석하고, 미래 교육이 나아가야 할 방향을 모색한다.

AI와 MBTI?

## AI 기술의 발전과 교육 환경의 변화

21세기 들어 인공지능 기술은 특정 산업 영역을 넘어, 교육을 포함한 인간 삶의 구조 전반에 영향을 미치는 핵심 인프라로 자리 잡고 있다. 특히 2020년대에 접어들어 생성형 인공지능, 자연어 처리(NLP), 학습 분석(learning analytics) 기술이 고도화되면서, 대학 교육은 전례 없는 수준의 자동화, 개인화, 상호 작용성을 경험하게 되었다(Holmes et al., 2021).

AI 기반 기술은 기존의 교육 패러다임을 구조적으로 재편하고 있다. 기존의 지식 중심, 표준화된 강의 방식은 '지식을 가진 교수자 → 지식이 없는 학습자'라는 수직적 구조를 전제로 했다. 그러나 챗봇, AI 튜터, 자동 피드백 시스템, 추천 알고리즘 등의 기술은 지식 전달 구조의 수평화를 가속화하며, 학습자가 정보를 탐색하고 구성하는 방식 자체를 변화시키고 있다(Selwyn, 2019). 이 과정에서 교육은 더 이상 일방향 전달이 아니라, AI와 인간의 상호 작용 속에서 구성되는 경험적 과정으로 재정의되고 있다.

특히 학습 분석 기술은 학습자의 데이터(클릭 기록, 문제 풀이 시간, 반복 오류 패턴 등)를 기반으로 실시간 진단과 피드백을 제공할 수 있게 했고, 이는 '모든 학생에게 동일한 내용, 동일한 방식으로 전달'하는 강의 중심 교육의 효율성과 정당성에 대한 의문을 제기하고 있다(Khalil & Ebner, 2015). 이와 같은 분석 기반 교육은 학습자의 성향, 배경, 학습 속도에 따라 교육 내용을 조정할 수 있는 맞춤형 학습(personalized learning)의 가능성을 열고 있으며, 이는 전통적 수업의 시간 · 공간적 제약을 넘는 비동기적, 맞춤형 학습 생태계 구축으로 이어진다.

그러나 이러한 기술적 혁신은 단순한 수단의 발전에 그치지 않는다. AI 기반 학습 도구는 어떤 지식이 '가르칠 만한 것인지'를 결정하는 교육적 가치 판단의 기제로 작동하기 시작했으며, 이에 따라 교육의 내용과 형식은 점점 알고리즘적 필터링을 통해 구성된다(Knox, 2020). 이는 교수자의 교육적 자율성과 커리큘럼 설계권을 제한할 수 있으며, 동시에 학습자의 선택 또한 알고리즘에 의해 유도되고 제한되는 상황을 만들어 낸다.

더 나아가 대학 교육은 AI 기술을 단순히 보조 수단으로 도입하는 것을 넘어서, 기술 그 자체가 교육 환경의 조건이 되는 시대를 맞이하고 있다. 강의실은 이제 물리적 공간이 아니라 디지털 알고리즘이 설계한 사용자 경험 속에 자리 잡고 있으며, 교수-학습 행위는 인간 간 상호 작용뿐 아니라 인간-기계 간 상호 작용(human-AI interaction)의 복합적 구조로 재편되고 있다(Buckingham Shum & Ferguson, 2012).

정리하면, AI 기술은 단지 교육을 '보완'하는 것이 아니라, 교육의 본질적 구조와 목표를 재정의하는 패러다임 전환을 촉진하고 있다. 이 장에서는 이러한 변화를 구체적 사례와 함께 분석하며 앞으로의 대학 교육이 어떤 방향으로 전환되어야 하는지를 탐색하고자 한다.

## 강의 중심 교육에서 맞춤형 학습으로

오랫동안 대학 교육은 강의실 중심의 일방적 지식 전달 모델에 기반해 운영되어 왔다. 이 모델은 교수자가 지식을 구조화해 전달하고, 학습자는 이를 수용·재생산하는 방식으로 구성된다. 그러나 이러한 표준화된 강의 중심 교육은 학습자의 다양성과 맥락을 반영하기 어려우며, 교육 격차를 심화시킨다는 비판을 받아 왔다.

AI 기술의 도입은 이와 같은 강의 중심 패러다임에 근본적 변화를 불러오고 있다. 특히 학습 분석(learning analytics), 적응형 학습(adaptive learning), 지능형 튜터링 시스템(intelligent tutoring systems) 등은 학습자의 반응, 행동 데이터, 학습 이력에 기반해 개별화된 피드백과 맞춤형 학습 경로를 제시할 수 있게 한다(Holmes et al., 2021). 이는 교실 내 모든 학생에게 동일한 내용을 일괄적으로 전달하던 기존 방식과는 달리, 학습자의 능력과 요구에 따른 조정 가능한 학습 환경을 가능케 한다.

예를 들어, AI 기반의 적응형 학습 플랫폼은 학습자의 이해 수준에 따라 문제 난이도나 진도 속도를 실시간으로 조정하며, 반복 실수나 오개념 발생 지점을 분석해 보완 학습을 제공할 수 있다. 이와 같은 시스템은 단순히 학습 효율을 높이는 것을 넘어, 학습자의 자기 주도성(self-directed learning)을 강화하며, 학습 실패의 원인을 진단하고 새로운 전략을 안내하는 지속적 학습 파트너로 기능한다(Koedinger et al., 2013).

이러한 변화는 대학 교육에서 '지식 전달'보다 '문제 해결(problem-solving)', '탐구 기반 학습(inquiry-based learning)'의 설계가 중심 과제로 부상하고 있음을 의미한다. 특히 생성형 AI의 활용은 학습자가 단순 수용자가 아니라, 텍스트 · 이미지 · 코드 등 다양한 형태의 결과물을 생성하고 수정하며 실시간 상호 작용을 통한 능동적 학습 경험을 가능케 한다.

하지만 모든 개인화가 곧 교육적 진보를 의미하는 것

은 아니다. AI에 기반한 맞춤형 학습이 데이터 기반 최적화의 논리에만 치우칠 경우, 교육은 학습자의 정체성, 사회적 맥락, 비정량적 역량을 간과하는 위험을 수반할 수 있다. 또한 AI 알고리즘이 제공하는 경로가 학습자의 선택을 구조적으로 제한하거나, 특정 학습 경로를 선형화시킬 가능성도 있다(Knox, 2020).

결국 맞춤형 학습은 단순히 기술에 의해 자동화되는 교육이 아니라, 학습자의 주체성과 교육적 목표를 균형 있게 고려하는 비판적 설계의 영역으로 이해해야 한다. 대학 교육이 강의 중심에서 맞춤형 학습으로 전환되기 위해서는, AI 기술을 도구로 활용하되, 교육적 목적을 재정의하고 철학적 방향을 명확히 설정하는 작업이 병행되어야 한다. 이는 교육을 데이터 기반 효율성으로 환원하지 않고, 개인의 성장을 위한 조율 가능한 환경으로 전환시키는 데 핵심적이다.

## 교수자와 학습자의 역할 재구성

AI 기술의 발전은 단지 교육 콘텐츠와 전달 방식을 변화시키는 데 그치지 않고, 교수자와 학습자의 정체성과 관계 구조 자체를 재구성하고 있다. 전통적으로 대학 교육에서 교수자는 학문적 권위자로서 지식 생산과 전달을

담당해 왔으며, 학습자는 지식의 수용자이자 평가의 대상이었다. 그러나 AI 기술의 확산은 이런 이원적 관계를 해체하며, 보다 상호 작용적인 학습 주체 모델을 요구하고 있다.

AI 기반 교육 환경에서 교수자는 단순한 '지식 전달자'에서 벗어나, 학습 과정의 설계자(designer), 촉진자(facilitator), 반성적 중재자(mediator)로서의 역할을 수행해야 한다(Holmes et al., 2021). 교수자는 기술을 통해 개별 학습자의 맥락과 과정을 이해하고 조율하는 전략적 판단자로서의 전문성이 요구된다.

예를 들어, 학습 분석 도구는 수강생의 학습 진도, 참여 빈도, 이해도 등을 실시간으로 시각화하고, 이는 교수자가 개별 학습자의 상태에 따른 개입 시점과 방식을 결정하는 데 근거 자료로 활용된다. 이는 단지 기술 숙련도가 아니라, 데이터 기반 교육 판단력(data-informed pedagogy)이라는 새로운 교수 역량을 의미한다(Ifenthaler & Yau, 2020). 더불어 교수자는 AI 시스템의 설계 논리와 편향 가능성에 대한 비판적 인식을 갖추고, 기술과 교육 목적 사이의 균형을 조율하는 역할도 수행해야 한다.

한편, 학습자 역시 더 이상 수동적인 정보 수용자에 머무르지 않는다. 생성형 AI, 대화형 챗봇, 협업 플랫폼 등은 학습자에게 지식 생산과 탐색, 비판과 조율, 재설계와 반성의 행위 주체로서의 자리를 요구한다. 특히 다양한 AI 기반 도구를 사용하는 과정에서 학습자는 자기 주도성, 판단력, 디지털 윤리를 포함하는 고차원적 역량을 지속적으로 길러야 한다.

따라서 AI 시대의 학습자는 단지 기술 활용 능력만이 아니라, 알고리즘적 권위에 대한 비판, 정보의 사회적 맥락에 대한 성찰, 공공성과 공동체성에 대한 책임을 동시에 수행해야 한다.

결국 교수자와 학습자의 관계는 지식 전달과 수용이라는 일방적 구조에서 벗어나, 기술 매개 상호 작용 속에서 의미를 구성하고 조율하는 협력적 관계로 전환되고 있다. 이는 단지 역할의 변화가 아니라, 교육의 주체성 개념 자체를 재구성하는 전환이며, 향후 대학 교육의 실천적 · 제도적 재설계에 있어 핵심적인 기준점이 될 것이다.

## 대학 제도의 구조적 과제와 변화 압력

AI 기술의 교육 현장 확산은 교수법과 학습자 역량뿐 아니라, 대학 제도의 구조와 운영 방식 자체에 대한 재검토를 요구하고 있다. 특히 현재의 대학 교육은 정해진 학기제, 시간표 중심의 수업 운영, 전공별 이수 구조, 학점 중심 평가 등 산업화 시대에 구축된 표준화된 제도 틀 위에 구축되어 있으며, 이는 빠르게 변화하는 디지털 학습 환경과 기술 기반 교육 흐름과 충돌을 일으키고 있다(Barnett, 2011).

첫째, 시간과 공간에 기반한 수업 단위 중심의 교육 구조는 AI 시대의 학습 환경에 적합하지 않다. AI 기반 학습 도구는 학습자의 시간과 속도에 맞춰 콘텐츠를 제공하고, 개인화된 피드백을 실시간으로 생성할 수 있는 환경을 구성한다. 그러나 현재 대학 제도는 여전히 학기제 강의시간표에 맞춰 고정된 시간 안에 수업을 수강하고 평가받는 시스템에 기반하고 있어, 기술 기반 맞춤형 학습의 유연성과 충돌한다.

둘째, 전공 중심의 폐쇄적 교육 과정과 획일적인 학점 체계는 융합적 사고와 문제 해결력을 요구하는 AI 시대의 교육 목표와 맞지 않는다. 복잡한 사회문제 해결을 위해 다양한 전공과 학문 간 연계가 필수적임에도 불구하고, 현행 제도는 여전히 교과목 단위, 전공별 이수 구조를 고수하고 있으며, 이는 학습자 중심 설계와 개별화된 학습 경로를 구성하는 데 제약이 된다.

셋째, 기술 접근성과 디지털 격차의 문제는 AI 기반 교육이 지닌 새로운 형평성 이슈를 부각시킨다. 교육 기술은 높은 접근성과 개인화 가능성을 제공하는 동시에, 기기 소유 여부, 네트워크 환경, 기술 활용 역량 등의 격차에 따라 오히려 교육 불평등을 심화시킬 수 있다. 특히 지역 간, 계층 간 정보 인프라의 불균형은 AI 리터러시 교육의 확대 과정에서 새로운 '디지털 소외'를 야기할 수 있다.

이러한 제도적 한계는 단순한 기술 보완이 아니라 '구조적 재설계(structural redesign)'를 필요로 한다. 예컨대 하이브리드 학습 모형에 기반한 모듈형 교육 과정, 유연한 학점 이수 제도, 역량 기반 평가 체계(competency-based assessment), 학습자 맞춤 설계 기능을 내장한 학습 플랫폼 중심의 커리큘럼 운영 등이 제도적 대안으로 논의되고 있다(Schmid et al., 2021).

결국 대학은 더 이상 지식 전달 기관만이 아니라, 학습자가 자기 주도적으로 역량을 설계하고, 지속적으로 재구성할 수 있는 학습 생태계를 제공하는 공간으로 전환되어야 한다. 이를 위해서는 교육 과정의 철학, 운영 제도, 평가 기준 전반에 걸친 시스템 수준의 변화 압력을 수용하고 조정할 수 있는 능동적 제도 설계가 요청된다.

## 미래 대학 교육의 방향

AI 기술이 대학 교육의 방식, 주체, 제도를 근본적으로 재편하고 있는 상황에서, 이제 교육은 단지 지식을 효과적으로 전달하는 기술적 과정이 아니라, 기술 환경 속에서 인간이 어떻게 배우고 성장할 수 있는지를 탐색하는 철학적 과제로 전환되고 있다. 미래 대학 교육의 핵심은 기술과 인간, 자동화와 창의성, 데이터 기반 최적화와 윤리적 판단 사이의 균형을 새롭게 정의하는 데 있다.

첫째, 미래의 대학 교육은 정답 중심 사고에서 탐색 기반 사고로, 전달 중심 교육에서 창의적 구성 중심 교육으로 이동해야 한다. AI는 이미 대부분의 정형화된 정보 처리와 반복적 문제 해결을 대체할 수 있으며, 이에 따라 대학은 창의적 질문을 던지고, 융복합적 관점에서 사고하며, 새로운 의미를 구성하는 능력을 중심으로 교육의 목표를 재설정해야 한다. 이 과정에서 교육은 단지 지식의 결과물이 아니라, 탐색, 협업, 실패, 재구성의 과정 그 자체로 의미를 갖는다.

둘째, 대학은 인간과 AI가 공존하는 학습 환경을 구성해야 한다. 이는 단순히 AI를 교육 도구로 사용하는 것이 아니라, AI와 인간의 협력적 사고 체계를 설계하는 교육 철학을 요구한다. 예를 들면, 생성형 AI는 학습자가 아이디어를 시각화하거나 다양한 해석을 실험해 보는 도구가 될 수 있으며, 교수자는 이를 기반으로 비판, 재구성, 윤리적 검토를 수행하는 학습 촉진자가 된다.

셋째, 미래 교육은 공공성과 윤리성을 내포한 학습 생태계를 지향해야 한다. 기술적 유효성만이 아니라, AI가 누구에게 어떤 영향을 미치고, 어떤 사회적 책임을 요구하는지를 교육 과정 안에서 함께 사유할 수 있어야 한다. 이는 정보 윤리, 알고리즘 편향, 디지털 불평등 등 AI 시대의 주요 쟁점을 통합적으로 다룰 수 있는 윤리적 리터러시 교육을 대학의 공통 교양 교육에 포함시키는 방향으로 구체화될 수 있다(Floridi et al., 2018).

넷째, 대학 교육은 이제 더 이상 폐쇄된 공간에서 이뤄지는 고립된 활동이 아니라, 개방된 학습 네트워크의 일부로 작동하는 플랫폼 기반 생태계가 되어야 한다. 물리적 강의실, 교수자의 강의, 정해진 시험 일정이라는 경계를 넘어, 학습자는 다양한 디지털 리소스를 활용하고, 전 세계 지식 커뮤니티와 연결되며, 스스로 학습 경로를 설계하고 조율하는 자율적 시민 학습자로 진화한다(Downes, 2015).

결국 미래의 대학 교육은 효율성과 기술적 혁신만으로 정당화될 수 없다. 그것은 인간의 성찰적 사고, 윤리적 책임, 사회적 연대를 교육의 중심 가치로 회복하는 과정이어야 하며, AI와 함께하는 시대 속에서 인간 고유의 가능성을 재조명하고 확장하는 교육적 상상력을 바탕으로 설계되어야 한다. 이러한 방향 전환이 가능할 때, 대학은 단지 학문과 직업의 중개소가 아니라, 미래 사회의 지적 · 윤리적 방향성을 제안하는 공공적 기관으로서의 위상을 회복할 수 있을 것이다.

## 참고문헌

Barnett, R.(2011). *The Future University: Ideas and Possibilities.* Routledge.

Buckingham Shum, S. & Ferguson, R.(2012). Social learning analytics. *Educational Technology & Society, 15*(3), pp.3~26.

Downes, S.(2015). The quality of massive open online courses. *International Handbook of E-Learning Volume 1*, pp.65~78. Routledge.

Floridi, L. et al.(2018). AI4People—An Ethical Framework for a Good AI Society: Opportunities, Risks, Principles, and Recommendations. *Minds and Machines, 28*(4), pp.689~707.

Holmes, W. et al.(2021). *Artificial Intelligence in Education.* Center for Curriculum Redesign.

Ifenthaler, D. & Yau, J. Y.-K.(2020). Utilising learning analytics for study success: Reflections on current empirical findings.

*Research and Practice in Technology Enhanced Learning, 15*(1), pp.1~14.

Khalil, M. & Ebner, M.(2015). Learning analytics: Principles and constraints. *Proceedings of World Conference on Educational Multimedia, Hypermedia and Telecommunications.*

Knox, J.(2020). *Artificial intelligence and education in China.* In Williamson & Eynon(eds.). *AI and Education: Critical Perspectives.*

Koedinger, K. R. et al.(2013). Data mining and education. *Wiley Interdisciplinary Reviews: Cognitive Science, 4*(1), pp.49~61.

Schmid, U. et al.(2021). "Digital Transformation of Higher Education: A Review of Policy Documents from Germany". Fraunhofer Institute.

Selwyn, N.(2019). *Should Robots Replace Teachers? AI and the Future of Education.* Polity Press.

## 03
## AI 리터러시의 핵심 요소

AI 리터러시는 단순한 기술 활용을 넘어선 AI를 이해하고 효과적으로 활용하며, 비판적으로 사고하고 윤리적 책임을 고려하는 역량을 포함한다. AI의 기본 개념과 원리를 익히는 방법, 다양한 도구 활용법, AI 정보의 신뢰성을 평가하는 비판적 사고, 그리고 AI 기술 사용에 따른 윤리적 책임과 사회적 영향에 대해 탐구한다.

AI와 난임 극복?

## AI 이해: 개념과 작동 원리에 대한 기본 소양

AI 리터러시의 기초는 인공지능에 대한 올바른 이해에서 출발한다. 'AI 이해'는 단순한 기술 정보 습득이 아니라, AI의 기본 개념과 작동 방식, 기술적 구조와 인지적 한계에 대한 체계적 인식을 포함한다. 이러한 이해는 기술의 비판적 활용과 윤리적 성찰의 전제가 되며, 따라서 리터러시 구성의 가장 기초적이면서도 핵심적인 단계로 간주된다.

우선 인공지능은 인간의 인지 기능을 모방하거나 대체하도록 설계된 기술 시스템이다. 이는 일반적으로 지식 표현, 규칙 기반 추론, 통계적 학습, 자연어 처리, 이미지 인식 등 다양한 기술 요소의 통합으로 구성된다. AI는 종종 머신러닝(Machine Learning), 딥러닝(Deep Learning)과 혼용되어 사용되지만, 기술적 범위와 작동 원리 측면에서 중요한 차이가 있다. 머신러닝은 데이터로부터 패턴을 학습해 예측하거나 분류하는 기능을 중심으로 하며, 딥러닝은 인공신경망(Artificial Neural Network, 이하 ANN)을 활용해 비정형 데이터를 자동으로 학습할 수 있는 고차원적 추상화 구조를 포함한다(LeCun et al., 2015).

AI의 작동 원리는 기본적으로 데이터 기반 의사 결정

구조로 이해할 수 있다. 이는 ① 훈련 데이터(training data)를 통해 알고리즘이 패턴을 학습하고, ② 테스트 데이터를 통해 일반화 성능을 평가하며, ③ 실시간 입력에 따라 결과를 도출하고 피드백을 수용하는 반복적 과정으로 구성된다. 이러한 학습 구조는 기존의 규칙 기반 시스템(rule-based system)과는 달리 경험적 추론(experiential inference)을 통해 점진적 성능 개선이 가능하다는 점에서 교육적 가능성과 함께 잠재적 불확실성을 내포한다.

이러한 AI 시스템의 핵심 강점은 예측(predictive capacity)과 패턴 인식(pattern recognition)에 있으며, 이는 반복적 작업, 대규모 정보 처리, 정형화된 문제 해결에서 뛰어난 효율성을 발휘한다. 그러나 인간과 같은 맥락 기반의 추론(contextual reasoning)이나 도덕적 판단, 정서적 공감, 상호주관성의 수준에는 도달하지 못한다. 예컨대, AI는 문장의 문법적 오류는 탐지할 수 있지만, 발화의 정치적 맥락이나 사회적 함의를 이해하지 못하며, 이미지에서 사물을 분류할 수는 있지만 예술적 의미나 상징을 해석하는 능력은 제한적이다(Boden, 2016).

결국 AI는 '지능(intelligence)'을 기술적으로 시뮬레이션할 수 있을 뿐, 인간의 의식(consciousness), 의도성(intentionality), 가치 판단(value judgment) 등의 고차

원적 인지 능력을 대체하지는 못한다. 이러한 한계를 이해하지 못한 채 기술을 과도하게 신뢰할 경우, AI가 내리는 판단을 인간의 것과 동일한 기준으로 수용하거나, 기술에 판단 책임을 전가하는 '의사 결정의 외주화'가 일어날 위험이 있다(Pasquale, 2015).

따라서 대학 교육에서 AI 리터러시를 강화하기 위한 첫 단계는, 학생들이 AI가 어떻게 작동하는지를 기술적 · 개념적으로 이해하고, AI가 할 수 있는 것과 할 수 없는 것의 경계를 분명히 인식할 수 있도록 돕는 것이다. 이는 학생들에게 AI를 무비판적으로 받아들이는 수용자가 아닌, 작동 원리를 이해하고 비판적으로 다룰 수 있는 사용자로 전환하는 데 핵심적 역할을 한다. 또한 AI 기술의 한계를 이해하는 과정은 이후 다루게 될 활용, 비판, 윤리의 요소를 유기적으로 연결하는 기반이 된다.

## AI 활용: 도구를 비판적으로 다루는 실천적 능력

AI 리터러시의 중요한 구성 요소 중 하나는 AI 기반 도구를 맥락에 맞게 활용하고, 그 효과와 한계를 판단할 수 있는 실천적 능력이다. 이는 단순히 도구를 '쓸 줄 아는 것'을 넘어, 기술이 제공하는 기능을 비판적으로 분석하고, 목적에 맞게 응용하며, 윤리적으로 사용할 수 있는 역량을 의미한다(Luckin, 2018).

오늘날 대표적인 AI 도구들은 언어, 이미지, 음성, 분석 영역을 아우른다. 예를 들어, 자연어 처리 기반의 생성형 AI인 ChatGPT, 번역 시스템인 DeepL, 이미지 생성 도구인 DALL · E, 학습 분석 도구, 자동 코딩 보조 시스템 등은 교육과 연구, 직무 수행에 광범위하게 활용되고 있다. 이들 도구는 정보를 수집 · 재구성하거나 문제를 빠르게 해결하는 데 강력한 기능을 제공하지만 정보의 신뢰성, 맥락에 대한 이해, 창의적 판단에서는 한계를 갖는다.

중요한 점은 AI 도구의 활용이 기술적 숙련만으로 해결되지 않는다는 점이다. 동일한 도구라도 사용자의 목적, 맥락, 활용 방식에 따라 그 결과는 현저히 달라지며, 수동적 사용자(passive user)와 비판적 사용자(critical user) 사이에는 큰 차이가 존재한다. 예를 들어, ChatGPT를 사용할 때 단순 정보 검색에 그치는 것이 아니라, 출력된 응답의 출처를 검토하고, 생성된 서술이 특정 편향성이나 누락된 관점을 포함하는지 분석할 수 있어야 한다.

교육적 맥락에서 AI 활용 능력을 함양하기 위해서는 문제 중심의 학습(Problem-Based Learning), 사례 기반 도구 비교 분석, AI 출력물의 평가 토론과 같은 방법이 효과적이다. 예를 들어, 학습자에게 동일한 주제로 여러 AI 도구(ChatGPT, Perplexity, Bing Copilot 등)를 사용하게 한 후, 결과물의 정확성, 다양성, 창의성, 편향성 정도 등을 비교·분석하도록 유도하면, 기술의 차이뿐 아니라 사용자 판단력과 해석 역량의 중요성을 체감할 수 있다(김홍규·이상욱, 2024).

또한 AI 도구를 '대체자'가 아닌 '협력자'로 활용하는 방식도 교육적으로 중요하다. 글쓰기 수업에서는 초안을 AI가 생성하도록 하고, 학생이 이를 수정·보완하며 자신의 주장을 덧붙이는 방식으로, 비판적 사고와 표현 능력을 동시에 강화할 수 있다(Holmes et al., 2021). 이는 학습자가 도구를 조작하는 수준을 넘어서, 도구와의 상호 작용을 통해 인지적으로 성장하는 경험을 가능케 한다.

결국 AI 활용 능력은 기술적 조작 능력만이 아니라, 비판적 맥락화 능력, 목적 지향적 설계 능력, 윤리적 판단 능력과 함께 구성되어야 한다. 이러한 복합적 활용 능력은 AI 시대의 교육·연구·시민 참여에 필수적인 역량이며, AI 리터러시 교육의 실천적 기반을 이룬다.

## AI 비판: 알고리즘과 정보 신뢰성에 대한 판단력

AI 리터러시의 핵심 요소 중 하나는 알고리즘이 중립적이지 않으며, AI가 제공하는 정보 또한 사회적 맥락 속에서 구성된다는 사실을 인식하고 비판적으로 해석할 수 있는 능력이다. 이는 AI 기술에 대한 과잉 신뢰나 수동적 수용을 넘어, AI 시스템의 설계 원리와 정보 처리 방식, 그로 인한 사회적 결과를 해석하고 개입하는 능동적 역량이다.

오늘날 우리가 접하는 대부분의 정보는 알고리즘을 통해 선별되고 가공된 결과물이다. 검색 결과, 뉴스 피드, 영상 추천, 자동 요약, 번역 등은 모두 데이터 기반의 필터링과 최적화 로직에 따라 구성된다. 이러한 시스템은 이용자 경험을 향상시키는 동시에, 특정 정보에 노출되도록 '설계'된 구조이기도 하다. 문제는 알고리즘이 훈련 데이터의 편향, 설계자의 의도, 상업적 목적을 반영할 수 있으며, 그 결과 사회적 소수자나 주변화된 관점을 배제하거나 왜곡할 수 있다는 점이다(Gillespie, 2014).

예를 들어, 검색 엔진에서 특정 인물 또는 집단을 검색했을 때 부정적이거나 고정된 이미지만 상위에 노출된다면, 이는 단순한 기술적 산출물이 아니라 사회적 인식과 권력 구조가 반영된 결과로 보아야 한다. 생성형 AI 역시 훈련 데이터의 범위와 비율에 따라 정치적 편향, 성별 고정 관념, 인종적 고정 관념을 무비판적으로 재생산할 수 있다. 이와 같은 문제는 기술적 오류가 아니라, 윤리적 구조적 문제로 접근되어야 한다(Binns, 2018).

따라서 교육은 AI 시스템이 작동하는 원리를 이해하는 데 그치지 않고, 그 정보 생산 방식과 필터링 로직(filtering logic)을 해체(unpacking)하고, 그 결과가 사용자에게 어떤 영향을 미치는지를 질문할 수 있어야 한다. 이를 위해 최근 교육 현장에서는 알고리즘 해체(algorithmic unpacking) 교육, 데이터 윤리 워크숍, AI 시스템 결과 비교 토론 등이 시도되고 있다(Markham, 2020).

또한 학습자가 AI의 편향 문제를 비판적으로 분석하는 데 그치지 않고, 대안을 상상하고 윤리적 기준을 모색하는 단계로 나아갈 수 있도록 설계하는 것이 중요하다. 이는 기술 비판 교육이 단순한 회의주의를 넘어, 시민 참여와 기술 개입 역량을 함양하는 데 목표를 두어야 함을 의미한다.

지금까지의 논의를 요약하면, AI 리터러시 교육에서의 '비판'은 기술을 거부하거나 회피하는 것이 아니라,

기술의 구조와 작동 방식에 대한 성찰을 바탕으로 정보의 특성과 의미를 능동적으로 해석하는 능력이다. 이는 디지털 민주주의, 정보 주권, 사회 정의의 관점에서 AI 시대의 핵심 교육적 과제이기도 하다.

## AI 윤리: 기술 사용의 책임과 사회적 영향 인식

AI 리터러시의 마지막이자 가장 중요한 축 중 하나는 기술 사용에 내재된 윤리적 판단과 사회적 책임에 대한 감수성이다. AI 기술은 단순한 도구가 아니라 인간의 판단을 대체하거나 보완하는 역할을 하며, 그로 인해 개인과 사회에 광범위한 영향을 미친다. 따라서 AI 리터러시 교육은 기술을 '어떻게' 사용하는가를 넘어, 무엇을 위해, 누구를 위해 사용하는가에 대한 윤리적 숙고를 요구한다(Floridi et al., 2018).

오늘날 AI 기술이 현실 사회에 미치는 영향은 점점 더 복잡해지고 있다. 자동화된 채용 시스템이 특정 인종이나 성별을 배제하고, 범죄 예측 알고리즘이 특정 계층을 과잉 감시하며, 추천 알고리즘이 필터 버블(filter bubble)과 여론 조작에 기여하는 사례는 모두 AI가 단지 기술 문제가 아닌 윤리적 문제로 전환되고 있음을 보여 준다(O'Neil, 2016). 이 과정에서 핵심 쟁점은 다음과 같은 윤리 원칙과 관련된다.

- 책임성(responsibility): AI의 오류나 부작용이 발생했을 때, 책임은 누구에게 있는가?
- 투명성(transparency): 알고리즘의 결정 방식은 이해 가능하게 설계되었는가?
- 공정성(fairness): AI는 누구에게 혜택을 주고, 누구를 소외시키는가?
- 설명가능성(explainability): 인간은 AI의 결정을 이해하고 재검토할 수 있는가?

또한 프라이버시 보호와 감시 자본주의(surveillance capitalism) 문제는 AI 윤리 논의의 핵심이다. 학습 데이터 수집 과정에서 개인의 위치 정보, 생체 정보, 감정 반응 등 민감한 정보가 수집 · 가공되며, 이는 상업적 알고리즘 설계에 이용될 수 있다(Zuboff, 2019). 이런 현실은 사용자에게 정보 주권(data sovereignty), 동의의 자율성, 디지털 권리라는 새로운 시민적 윤리 의식을 요구한다.

중요한 것은 AI 윤리 교육이 기술 교육과 분리되어선 안 된다는 점이다. AI 기술을 '잘 다루는 능력'만 강조될 경우, 기술적 능숙함이 사회적 감수성과 공동체적 책임을 압도하게 된다. 따라서 AI 리터러시 교육은 반드시 기술 이해와 실천, 비판 능력 위에 윤리적 자기반성과 사회적 고려가 통합되도록 설계되어야 한다.

## 리터러시 역량 간 통합과 교육적 적용

앞서 논의한 AI 리터러시의 네 핵심 요소−이해, 활용, 비판, 윤리−는 독립된 역량이 아니라, 상호 작용적이며 통합적으로 구성된다. AI 기술을 이해하는 것은 그 자체로 기술 활용의 전제가 되며, 비판적 사고는 도구 활용과 윤리적 판단 모두의 기준이 된다. 윤리적 감수성은 기술 이해와 활용, 비판의 전 과정을 관통하는 가치 지향적 토대다. 따라서 AI 리터러시는 기술 중심의 기능 교육을 넘어, 사고력과 공동체 의식을 포괄하는 시민적 역량으로 자리매김해야 한다(UNESCO, 2021).

이러한 통합적 리터러시 교육을 실현하기 위해서는 수업 설계 또한 전통적인 교과 기반 전달 방식에서 벗어나야 한다. 예컨대 모듈형 교육 과정에서는 각 핵심 요소를 주제 중심으로 구성해 학습자가 점진적으로 사고의 층위를 확장할 수 있도록 돕는다. 다음은 통합 설계의 실제적 접근 예시다.

● 문제기반 학습(PBL): 'AI 채용 시스템이 공정한 인재를 선발할 수 있는가?'라는 문제를 중심으로, 기술 이해 → 도구 활용 → 데이터 편향 분석 → 윤리적 판단까지 단계적으로 진행.

● 역할 기반 시뮬레이션: 학생이 기술 개발자, 사용자, 피해자, 정책 입안자 역할을 맡아 알고리즘 설계와 사회적 영향 평가를 토론.

● 비교 분석 활동: 생성형 AI를 활용해 도출된 결과물을 비교하고, 그 한계와 윤리적 함의를 비판하는 활동 구성.

이러한 통합적 접근은 학습자에게 단순 지식이 아닌 문제 중심적 사고, 다각도 분석, 공공적 책임 의식을 동시에 함양할 수 있게 한다. 나아가 이는 다음 장에서 논의될 AI 리터러시 교육 설계, 교육제도 개혁, 정책 방향 설정의 기반이 되며, AI 시대 교육의 핵심 가치—융합, 성찰, 공동체—를 실천하는 모델로 기능할 수 있다.

## 참고문헌

김홍규·이상욱(2024). "PBL을 활용한 AI 리터러시 교육 사례 연구: 한양대학교 〈인공지능의 철학〉 과목의 주제 구성과 운영". 《교양학연구》, 83~113쪽.

Binns, R.(2018). Fairness in machine learning: Lessons from

political philosophy. *Proceedings of FAT.*

Boden, M. A.(2016). *AI: Its Nature and Future.* Oxford University Press.

Floridi, L.(2014). *The Fourth Revolution: How the Infosphere is Reshaping Human Reality.* Oxford University Press.

Floridi, L. et al.(2018). AI4People—An ethical framework for a good AI society. *Minds and Machines, 28*(4), pp.689~707.

Gillespie, T.(2014). The relevance of algorithms. *Media Technologies*, pp.167~194. MIT Press.

Holmes, W. et al.(2021). *Artificial Intelligence in Education.* Center for Curriculum Redesign.

LeCun, Y. et al.(2015). Deep learning. *Nature, 521*(7553), pp.436~444.

Luckin, R.(2018). *Machine Learning and Human Intelligence.* UCL IOE Press.

Markham, A. N.(2020). Taking data literacy to the streets: Critical pedagogy in the public sphere. *Qualitative Inquiry, 26*(2), pp.227~237.

O'Neil, C.(2016). *Weapons of math destruction: How big data increases inequality and threatens democracy. Crown Publishing Group.* 김정혜 옮김(2017). 《대량살상 수학무기: 어떻게 빅데이터는 불평등을 확산하고 민주주의를 위협하는가》. 흐름.

Pasquale, F.(2015). *The Black Box Society: The Secret Algorithms That Control Money and Information.* Harvard University Press.

UNESCO(2021). "AI and Education: Guidance for Policy-makers". https://unesdoc.unesco.org/ark:/48223/pf0000376709

Zuboff, S.(2019). *The age of surveillance capitalism: the fight for a human future at the new frontier of power.* Hachette Book Group. 김보영 옮김(2021). 《감시 자본주의 시대: 권력의 새로운 개척지에서 벌어지는 인류의 미래를 위한 투쟁》. 문학사상.

## 04
# AI 기반 학습 방법

AI는 학습 방식에 혁신을 가져오고 있으며, 개인 맞춤형 학습, 자동화된 피드백, 데이터 기반 학습 분석 등을 가능하게 한다. AI 기반 학습 도구와 플랫폼을 활용하는 방법을 살펴보고, 학습 효율성을 높이는 전략을 제시한다. 또한 AI를 효과적으로 활용하기 위한 자기 주도적 학습법과 비판적 사고의 중요성을 논의한다.

AI와 사주?

## AI 기술과 학습 이론의 융합

AI 기반 학습의 등장은 단순한 도구 활용을 넘어 학습 개념 자체의 재정의를 요구한다. 전통적 교육에서 학습은 보통 행동주의(behaviorism), 인지주의(cognitivism), 구성주의(constructivism)라는 이론 틀 내에서 설명되어 왔는데(Mayer, 2011), AI 기술은 이들 이론과 각각 상이한 방식으로 결합하며 하이브리드적 학습 설계를 가능케 한다.

예를 들어, 행동주의는 정답 피드백, 반복 훈련, 조건화에 초점을 맞췄으며, 이는 AI의 적응형 문제 제공이나 자동 피드백 기능과 잘 맞물린다. 반면 인지주의는 학습자의 정보처리 과정과 기억 구조를 중요시하며, 이는 학습 분석 기반 AI 시스템이 제공하는 실시간 학습 진단과 개인화 경로 설계에 부합한다. 구성주의는 지식의 의미 구성과 상호 작용을 강조하는데, 최근 생성형 AI 도구를 활용한 창의적 문제 해결, 협력적 콘텐츠 제작 활동은 이를 확장할 수 있는 가능성을 열고 있다(Luckin, 2018).

과거의 학습 환경이 주로 지식의 전달과 습득에 초점을 맞췄다면, AI 기반 학습 환경은 지식 생성과 탐색, 자기 점검과 조율의 능력을 요구한다. 특히 AI는 학습자의 상호 작용 데이터를 분석해 '학습자 모델'을 실시간으로 구성하고, 이에 따라 문제 유형, 난이도, 피드백 방식을 조정한다. 이는 교사가 모든 학습자를 동일한 진도로 이끄는 교육 방식이 아니라, 학습자의 상태에 기반한 미세 조정된 학습 설계가 가능해졌음을 의미한다.

그러나 이러한 기술 기반 최적화가 모든 교육적 가치를 담보하지는 않는다. 자동화된 시스템은 효율성을 증진시킬 수 있으나, 의미 구성, 비판적 성찰, 사회적 상호작용과 같은 인간 중심의 학습 요소를 충분히 대체할 수는 없다(Selwyn, 2019). 따라서 AI 기반 학습 설계는 기술의 장점을 활용하되, 인간 중심 학습을 동반하는 비판적 설계가 병행되어야 한다.

## AI 기술과 학습 이론의 융합

AI 기술의 발전은 학습자가 활용할 수 있는 다양한 교육 도구와 플랫폼의 등장으로 이어졌으며, 이는 학습자의 인지적 부담을 줄이고, 학습 경로를 개인화하며, 즉각적 피드백을 가능하게 하는 학습 환경을 조성한다. 이들 도구는 단순 정보 제공을 넘어서, 학습자의 성찰과 문제 해결, 자기 주도 학습 역량까지 확장시킬 수 있는 기능을 갖추고 있다(Holmes et al., 2021).

AI 기반 학습 도구는 크게 세 가지 유형으로 구분할 수 있다. 첫째, 적응형 학습 시스템(adaptive learning systems)은 학습자의 반응과 성취도에 따라 콘텐츠를 동적으로 조정한다. 둘째, 자동 피드백 에디터는 글쓰기나 코딩에서 문법, 논리, 구조적 오류를 실시간 제시하며, Grammarly, Ecree 등이 이에 속한다. 셋째, 생성형 AI 기반 도구는 텍스트나 이미지 등 창의적 콘텐츠 생성을 돕는 기능을 갖고 있으며, ChatGPT, DALL · E,· Perplexity AI 등이 대표적이다.

이들 도구의 효과적 활용을 위해서는 단순 기술 조작이 아닌 학습 목적과 맥락에 부합하는 전략적 선택이 필요하다. 예를 들어, 창의적 아이디어 생성을 목적으로 할 경우에는 생성형 AI 도구를 활용하고, 개별 학습 경로 설계에는 적응형 시스템이 보다 효과적이다. 그러나 이러한 기술이 학습자 의존성을 초래하거나, 비판적 사고와 메타인지 역량을 약화시킬 수 있다는 점도 함께 고려해야 한다(Sharples, 2019).

결국 AI 학습 도구의 활용은 도구 그 자체의 성능보다도, 교육 목표와 학습자의 참여 구조를 중심에 둔 설계 전략과 연결될 때 가장 효과적으로 기능한다. 이는 교수자가 단순 기술 도입자가 아닌, 비판적 설계자이자 학습 조정자의 역할을 수행해야 함을 의미한다.

## 학습 분석과 피드백: 데이터 기반 학습 설계 전략

AI 기반 교육에서 학습 분석(Learning Analytics)은 학습자의 활동 데이터를 수집·분석해 학습 경로를 진단하고 맞춤형 피드백을 제공하며, 교수 설계를 개선하는 전략적 도구로 기능한다. 학습 분석의 기본 구조는 ① 데이터 수집, ② 패턴 분석, ③ 피드백 제공, ④ 교육 설계 조정의 순환 구조로 이루어진다. 학습자의 클릭 수, 정답률, 머문 시간, 응답 패턴, 학습 주기 등이 자동 수집되고, AI 시스템은 이를 기반으로 학습자의 성취도, 몰입도, 오개념 발생 지점을 예측할 수 있다(Ifenthaler & Yau, 2020).

이 과정에서 제공되는 피드백은 정량적(점수, 진행률) 피드백과 질적(설명, 조언) 피드백의 결합 형태로 이루어져야 한다. 특히 실시간 피드백은 학습의 즉각적 조정을 유도하며 학습 동기를 촉진하는 반면, 일정 시간 후 제공되는 지연 피드백은 메타인지적 반성을 유도하는 데 효과적이다(Kulik & Kulik, 1988). 따라서 수업 맥락과 학습 목표에 따라 피드백의 타이밍 전략을 조율할 필요가 있다.

결국 학습 분석은 AI의 기술적 진보를 넘어, 학습자의 자율성과 교수자의 교육적 판단력을 강화하는 도구로 설계되어야 한다. 교수자는 피드백을 해석하고 의미화하는 촉진자로서, 데이터를 넘어선 교육적 맥락과 의미를 구성하는 핵심 역할을 수행하게 된다.

## 자기 주도적 학습 역량과 AI의 상호 작용

AI 기반 학습 환경에서는 지식 전달이 자동화됨에 따라, 학습자의 자기 주도적 학습(Self-Regulated Learning, 이하 SRL) 능력이 오히려 더욱 핵심적인 학습 역량으로 부상한다. SRL은 학습자가 자신의 목표를 설정하고, 전략을 선택하며, 학습 과정을 점검하고 조정해 나가는 능동적 · 반성적 학습 행위를 의미한다(Zimmerman, 2002). AI가 학습을 안내하는 상황에서도, 학습자가 자신의 학습 방향과 목적을 주체적으로 설정하지 못하면 AI는 단지 피상적 반복 학습의 강화 기제로 전락할 수 있다.

AI 도구는 SRL의 각 단계—① 목표 설정, ② 계획 수립, ③ 실행 및 모니터링, ④ 성찰 및 조정—에서 실질적 지원이 가능하다. 예컨대, 일정 추천 도구나 학습 시간 추적기는 계획 수립과 실행 조절을 지원하며, AI 기반 에디터나 튜터는 실시간 피드백을 통해 성찰을 유도한다(Panadero et al., 2016). 그러나 이처럼 AI가 학습 과정을 지원할수록, 학습자의 주체성이 위협받을 수 있는 역설도 함께 존재한다.

특히 자동화된 조언이나 경로 제안이 반복될 경우, 학습자는 점차 결정의 주체로부터 실행의 수동적 사용자로 전환될 수 있다. 이는 AI 의존성의 함정으로, 학습자의 자기 판단과 선택 역량을 약화시킬 가능성을 내포한다. 이를 방지하기 위해, AI 설계는 학습자의 선택 가능성, 피드백 수용 여부의 자율성을 보장하는 구조를 갖춰야 한다.

교육 현장에서는 SRL을 강화하기 위해 AI 도구를 단순 안내 시스템이 아니라, 성찰을 촉진하는 메타인지적 도구(metacognitive tool)로 활용하는 전략이 중요하다. 예를 들어, 학습자가 AI로부터 받은 피드백의 신뢰도나 유효성을 스스로 점검하게 하고, 다음 학습 전략을 자율적으로 선택하도록 유도하는 활동이 그 사례다. 이는 기술의 효율성만이 아니라, 학습자 정체성의 강화를 목표로 한 설계로 이어져야 한다.

## AI 시대의 비판적 사고와 메타인지 전략

AI 기반 학습 환경은 정보 접근과 문제 해결을 획기적으로 용이하게 만들었지만 동시에 정보 과잉, 자동화된 판단, 출처 불명 콘텐츠의 확산이라는 새로운 학습 리스크를 낳고 있다. 이에 따라 학습자는 단지 정보를 '받아들이는 능력'이 아니라, 정보를 검토하고 재구성하며 성찰하는 능력, 즉 비판적 사고(critical thinking)와 메타인지적 조절(metacognitive regulation)을 중심으로 학습 역량을 재구축해야 한다(Facione, 1990; Flavell, 1979).

비판적 사고는 AI 출력 결과를 무비판적으로 수용하지 않고, 그 근거, 출처, 맥락, 잠재적 편향을 분석하고 판단하는 과정이다. 예컨대, 생성형 AI가 제공한 답변이 단정적일 경우, 학습자는 "이 주장의 근거는 무엇인가?", "다른 관점은 있는가?", "이 정보는 검증 가능한가?"라는 질문을 던질 수 있어야 한다.

한편, 메타인지는 학습자가 자신의 학습 과정을 계획, 모니터링, 평가하는 자기 점검 능력으로, AI와의 상호 작용을 통해 학습 오류, 전략 선택, 목표 재설정 등을 스스로 조정하는 데 핵심적 역할을 한다. 예를 들어, AI 도구 사용 후 '나는 왜 이 피드백을 신뢰했는가?', '내가 선택한 전략은 목표에 부합하는가?' 등의 자기 성찰 질문(self-questioning)을 설계해 학습자가 능동적으로 학습 궤도를 조절하도록 유도할 수 있다.

결국, AI 시대의 교육은 단순한 평가 대비가 아닌, 비판적 판단과 자기 성찰을 촉진하는 학습 설계로 전환되어야 하며, 교수자는 '정답 제공자'가 아닌 '성찰 유도자(facilitator of reflection)'로서의 역할을 수행해야 한다. 이는 학습자가 AI와 공존하며 정보의 진위를 가려내고, 스스로 사고의 방향을 설계할 수 있는 시민적 주체로 성장할 수 있도록 돕는 핵심 전략이 된다.

## 참고문헌


Biesta, G.(2010). *Good Education in an Age of Measurement.* Routledge.

Facione, P. A.(1990). "Critical Thinking: A Statement of Expert Consensus". APA Delphi Report.

Flavell, J. H.(1979). Metacognition and cognitive monitoring. *American Psychologist, 34*(10), pp.906~911.

Holmes, W. et al.(2021). *Artificial Intelligence in Education.* Center for Curriculum Redesign.

Ifenthaler, D. & Yau, J. Y.(2020). *Utilising learning analytics for study success. Research and Practice in Technology Enhanced Learning, 15*(1), pp.1~14.

Kulik, J. A. & Kulik, C. C.(1988). Timing of feedback and verbal learning. *Review of Educational Research, 58*(1), pp.79~97.

Luckin, R.(2018). *Machine Learning and Human Intelligence.* UCL IOE Press.

Mayer, R. E.(2011). *Applying the Science of Learning.* Pearson.

Panadero, E. et al.(2016). Third wave of measurement in the self-regulated learning field: When measurement and intervention come hand in hand. *Scandinavian Journal of Educational Research, 60*(6), pp.723~735.

Selwyn, N.(2019). *Should Robots Replace Teachers?* Polity Press.

Sharples, M.(2019). *Practical Pedagogy: 40 New Ways to Teach and Learn.* Routledge.

Zimmerman, B. J.(2002). Becoming a self-regulated learner: An overview. *Theory Into Practice, 41*(2), pp.64~70.

05

# 대학 강의실의 AI 활용

AI는 대학 강의실에서 강의 보조, 맞춤형 학습 지원, 자동 채점, 학습 데이터 분석 등 다양한 방식으로 활용되고 있다. AI를 활용한 실제 교육 사례를 살펴보고, 효과적인 강의 설계와 학습 환경 개선 방안을 논의한다. 또한 AI 도입이 교수자와 학습자에게 미치는 영향, 가능성과 한계를 탐구하며, 대학 교육의 혁신적 발전 방향을 모색한다.

AI와 아이돌?

## 대학 강의실에서 AI 기술의 도입 현황과 유형

최근 AI의 고도화는 대학 강의실의 교육 방식에 구조적 변화를 가져오고 있으며, 특히 대면 · 비대면 병행 수업, 대규모 강의 운영, 학습자 다양성 대응 등의 문제 해결을 위한 에듀 테크(EduTech)의 핵심 도구로 AI가 자리 잡고 있다(Selwyn, 2019; Holmes et al., 2021).

AI 기술은 교수-학습의 다양한 과정에 적용되며, 그 유형은 크게 세 가지로 범주화할 수 있다. 첫째, 강의 보조 영역에서는 강의 자동 요약, 실시간 번역 자막, 이미지-텍스트 기반 시각화 등 정보 전달의 질과 접근성을 높이는 기술들이 활용된다. 둘째, 학습 지원 영역에서는 적응형 콘텐츠 추천, 지능형 튜터링 시스템(Intelligent Tutoring Systems, ITS)이 학습자의 수준과 진도에 맞는 개별화된 학습 경험을 제공한다(Koedinger et al., 2015). 셋째, 평가 보조 도구는 자동 채점, 텍스트 분석, 표절 감지 등 평가 업무의 효율성과 객관성을 향상시키는 기술로, 특히 서술형 과제나 토론 평가에서 활용도가 높아지고 있다(Burrows et al., 2015).

이러한 기술의 확산은 단순한 기능적 진보가 아니라, 교육의 대규모화와 개인화라는 이중 과제에 대응하기 위한 구조적 요청에서 비롯되었다. 특히 코로나19 팬데

믹 이후 비대면 수업이 급속히 확산되면서, 교수자들은 효율성, 상호 작용성, 평가 신뢰성이라는 측면에서 기술 도입을 적극 모색해 왔으며, 이는 AI 기반 시스템의 도입을 가속화시키는 결정적 계기가 되었다(Williamson & Eynon, 2020).

AI 기술의 도입은 단순 보조 도구의 영역을 넘어서, 교육 과정의 설계와 실행, 평가 전반을 아우르는 핵심 인프라로 작동하고 있다. 이에 따라 교수자의 역할, 수업 구조, 학습자 경험 전반에 걸쳐 변화가 일어나고 있으며, 이에 대한 체계적 분석과 윤리적 조율이 대학 교육의 미래 과제로 부상하고 있다.

## AI를 활용한 강의 설계 사례와 실천 전략

AI 기술은 강의실에서 교수자의 역할을 지원하고 학습자 맞춤형 교육을 설계하는 도구로 활용되며, 이를 통해 학습 효율성과 교육의 개별화가 동시에 추구된다. 실례로, Gradescope는 컴퓨터 과학, 수학, 공학 등 다양한 과목의 시험과 과제를 온라인 및 오프라인으로 효율적으로 관리하고 채점을 지원하는 플랫폼으로, 유연한 루브릭 기반 채점, AI를 활용한 유사 답안 그룹화, 통계 분석 및 즉각적인 피드백 기능 등을 통해 채점 시간을 단축하고 교육의 질을 높이는 데 기여하고 있으며, 전 세계 2600개 이상의 대학과 14만 명 이상의 강사들이 활용하고 있는 시스템이다.

이러한 사례는 단순 기술 도입이 아닌, 교육 목표와 기술의 정합성이 확보될 때 효과를 발휘한다. 예를 들어, 창의적 글쓰기 수업에는 문장 생성형 AI보다 구조 피드백 기반 도구가 더 적합하며, 개별 학습 진단이 필요한 수업에는 적응형 학습 시스템이 더 효과적이다. 이처럼 수업의 성격, 평가 방식, 학습자 수준에 따라 AI 기술을 차별적으로 적용하는 설계 전략이 필수적이다(Luckin, 2018).

또한 AI는 수업 전-중-후 단계에 따라 역할이 달라진다. 강의 전에는 학습자 이해도 진단 및 맞춤 자료 제공, 강의 중에는 실시간 참여 분석과 내용 요약, 강의 후에는 자동화된 피드백과 학습 성찰 유도가 가능하다. 이에 따라 교수자는 AI를 단지 반복적 과업의 대행자로 이해하는 것을 넘어서, 교수 설계의 핵심 요소로 전략적으로 통합할 필요가 있다.

무엇보다도 중요한 점은, 교수자 중심의 '보조 도구'로서의 AI 활용과 학습자 중심의 '자기 주도 학습 환경'으로서의 AI 활용을 기능적으로 구분해 설계해야 한다는 점이다. 이는 AI의 효율성을 극대화하는 동시에, 교수자와 학습자의 역할 정체성을 명확히 하고 교육적 주체성과 상호 작용성을 유지하는 핵심 원칙이 된다.

## 학습 환경 개선과 학습자 경험의 변화

AI 기술의 강의실 도입은 학습 환경을 단순히 디지털화하는 수준을 넘어, 상호 작용성, 적응성, 자율성을 갖춘 학습 생태계로의 전환을 유도하고 있다. 특히 학습자의 이해도에 따라 콘텐츠가 자동 조정되는 적응형 시스템은 개별 학습 속도에 맞춘 진도 설계를 가능케 하며, 이는 수업 이해도의 분산을 줄이고 학습의 몰입도를 높이는 데 기여한다(Holmes et al., 2021).

텍스트 외에도 음성, 영상, 이미지 등 다중 양식(multi-modal)의 콘텐츠를 활용하는 AI 기반 도구들은 다양한 인지 스타일을 고려한 학습 경로를 제공한다. 예를 들어, 시각 중심 학습자는 자동 시각화 요약 기능을 통해 개념을 빠르게 구조화할 수 있으며, 언어 중심 학습자는 자동 음성 피드백과 요약을 통해 반복 학습의 기회를 얻을 수 있다.

또한 AI가 제공하는 실시간 피드백은 학습자가 즉각적으로 자신의 오류나 진척 상황을 파악할 수 있게 하며,

이는 자기 주도 학습의 핵심 요소인 메타인지적 점검 능력(metacognitive regulation)을 촉진한다. 그 결과, 학습자는 더 높은 학습 통제감(control)과 자기 효능감(self-efficacy)을 경험하게 되며, 이는 학습 동기의 강화로 이어진다(Zimmerman, 2002).

한편, 이러한 기술 기반 학습 환경은 시간적 유연성과 공간 분산을 가능하게 하며, 특히 블렌디드 러닝(blended learning)에서 온오프라인 연계를 강화하는 통합적 허브로 작동한다. 그러나 일부 학습자에게는 AI의 판단 논리를 이해하지 못하는 데서 오는 불신, 과도한 피드백으로 인한 피로감 등의 문제가 발생할 수 있어, AI 기술은 설명 가능성(explainability)과 정서적 안정성을 고려한 설계가 병행되어야 한다.

## 교수자의 역할 변화와 교육적 재정의

AI의 강의실 도입은 교수자의 전통적 역할(지식 전달자, 평가자, 관리자)을 근본적으로 재구성하고 있다. 반복적 정보 제공과 표준화된 평가의 많은 부분이 자동화되면서, 교수자는 점차 학습 설계자(instructional designer), 촉진자(facilitator), 데이터 기반 멘토(data-informed mentor)로 전환되고 있다(Luckin, 2018). 이는 기술 중심 환경에서 교육의 인간적 · 상호 작용적 차원을 회복하는 핵심 주체로서의 역할을 강조하는 변화다.

예를 들어, AI가 자동 채점을 수행하는 환경에서는 교수자가 서술형 응답의 의미 구조, 맥락, 정서적 함의를 보완적으로 해석하고 피드백을 제공해야 하며, 학습 분석 플랫폼이 제시하는 수치 데이터 역시 단순 통계가 아닌 학습자의 경험과 동기, 맥락 속에서 해석되어야 한다(Ifenthaler & Yau, 2020). 따라서 교수자는 기술 사용 능력 이상의 해석적 리터러시(interpretive literacy)와 교육철학적 판단력을 갖춰야 한다.

궁극적으로 AI 기술은 교수자의 기능을 축소시키기보다, 교육을 단순 전달이 아닌 의미 구성의 공동 행위로 재정의할 수 있는 기회를 제공한다. 이는 '지식의 소비자'였던 학생이 '지식의 공동 생산자'로 성장하는 과정에서, 교수자가 지식 흐름의 조율자이자 학습 공동체의 촉진자로서 자리매김해야 함을 의미한다.

## 가능성과 한계

AI 기술은 대학 교육의 개인화, 자동화, 확장성이라는 측면에서 혁신적 가능성을 제시하고 있다. 학습자의 수준과 선호에 따라 콘텐츠를 조정하고, 실시간 피드백을 제공하며, 반복적 평가와 진단을 자동화함으로써 교수자에게는 수업 설계의 효율성과 정교화를, 학습자에게는 맞춤형 학습 경로와 자율성을 가능케 한다.

그러나 이 같은 가능성은 동시에 새로운 교육적 긴장과 윤리적 과제를 동반한다. 첫째, 알고리즘이 학습자 데이터를 기반으로 판단을 내릴 때 기술 편향성, 자동화 오류, 설계자의 숨은 가치가 개입할 수 있으며, 이는 특정 집단의 차별이나 학습 기회의 불균형으로 이어질 수 있다. 둘째, AI의 결정과 조언을 무비판적으로 수용하는 과정에서 학습자의 비판적 사고와 주체성의 약화, 기술 의존성 증가 문제가 나타날 수 있다. 셋째, 교수자의 디지털 리터러시 격차와 제도적 자원 불균형은 AI 활용의 교육적 불평등을 심화시킬 가능성이 있다.

이러한 상황에서 AI의 교육적 효과를 실현하기 위한 핵심 조건은 다음과 같다. 첫째, 알고리즘의 투명성과 설명가능성을 확보해 교수자와 학습자가 AI의 판단 근거를 이해할 수 있어야 하며, 둘째, 교수자의 자율성과 해석 권한이 제도적으로 보장되어야 한다. 마지막으로, 책임 주체의 명확화, 데이터 윤리 기준, 학생 동의 기반의 사용 구조를 포함하는 윤리적 설계 원칙이 마련되어야 한다.

AI는 교육을 자동화하는 도구가 아니라, 교육의 질적 성찰을 수반하는 거울로 작동해야 하며, 그 가능성을 실현하기 위해서는 기술적 접근을 넘는 교육철학적 · 제도적 통찰이 병행되어야 한다.

## 참고문헌


Burrows, S. et al.(2015). The eras and trends of automatic short answer grading. *International Journal of Artificial Intelligence in Education, 25*(1), pp.60~117.

Gradescope. https://www.gradescope.com/

Guneş, G. et al.(2022). Multimodal learning environments and AI. *Educational Technology & Society, 25*(1), pp.30~42.

Holmes, W. et al.(2021). *Artificial Intelligence in Education: Promises and Implications for Teaching and Learning.* CCR.

Koedinger, K. R. et al.(2015). Data mining and education. *Wiley Interdisciplinary Reviews: Cognitive Science, 6*(4), pp.333~353.

Luckin, R.(2018). *Machine Learning and Human Intelligence: The Future of Education for the 21st Century.* UCL IOE Press.

McFarland, D. & Hamilton, R.(2021). Using AI to enhance student engagement and feedback. *Educational Technology Research and Development, 69*(3), pp.1415~1432.

Selwyn, N.(2019). *Should Robots Replace Teachers?* Polity Press.

Williamson, B. & Eynon, R.(2020). Historical threads, missing links, and future directions in AI in education. Learning,

*Media and Technology, 45*(3), pp.223~235.
Zimmerman, B. J.(2002). Becoming a self-regulated learner. *Theory into Practice, 41*(2), pp.64~70.

# 06
# 미래 교수자의 역량 변화

AI 시대에는 교수자의 역할이 단순한 지식 전달자에서 학습 설계자, 멘토, AI 활용 전문가로 변화하고 있다. 교수자가 갖춰야 할 핵심 역량, AI를 효과적으로 활용한 교수법, 그리고 학습자 중심 교육의 중요성을 탐구한다. 또한 AI와 협력하는 교육자의 역할을 재정립하고, 미래 대학 교육에서 교수자가 수행해야 할 새로운 역할과 도전에 대해 논의한다.

AI와 야구?

## 미래 교수자가 갖춰야 할 핵심 역량

AI 기반 교육 환경에서 교수자는 더 이상 단순한 기술 사용자나 지식 전달자가 아니다. 학습 환경을 조율하고 학습자의 비판적 사고를 유도하며, 교육적 윤리를 실천하는 통합적 전문가로서의 역할을 요구받는다. 이에 따라 교수자는 다음의 네 가지 통합 역량을 중심으로 새로운 전문성을 확립해야 한다.

첫째, 디지털 리터러시와 AI 리터러시는 모든 교육 활동의 기반이 되는 핵심 역량이다. 이는 교육 플랫폼, 알고리즘 기반 도구, 학습 분석 시스템 등을 이해하고 활용하는 기술적 숙련도뿐 아니라, 기술이 학습자 경험과 교육적 의미를 어떻게 구성하는지에 대한 비판적 사고를 포함한다. 교수자는 AI 시스템의 작동 원리, 데이터 처리 방식, 알고리즘 편향 등을 파악하고, 기술의 사회적·문화적 함의를 인식할 수 있어야 한다(Ng, 2012).

둘째, 비판적 해석 능력과 알고리즘 감수성은 AI가 제공하는 자동화된 결과물—예를 들어 피드백, 추천 학습 자료, 자동 채점 결과 등—을 맥락에 맞게 해석하고 교육적으로 재구성하는 능력을 말한다. 이는 단순 수용이 아니라, AI가 제시하는 정보의 한계를 이해하고 교육적 목적에 맞춰 조정할 수 있는 실천적 비판 능력이다(Selwyn,

2019).

셋째, 메타인지적 교수 전략 설계 능력은 학습자의 자기 조절 학습을 촉진하는 수업 구조와 질문 설계를 포함한다. 교수자는 AI 기반 도구를 활용해 학습자의 인지 과정을 가시화하고 성찰을 유도하는 학습 활동을 설계해야 한다. 예를 들어, 학습자가 자신의 이해 수준을 진단하고 학습 전략을 조정할 수 있도록 돕는 AI 피드백 시스템을 활용하는 방식이 있다(Panadero et al., 2017).

넷째, 윤리적 판단과 교육적 책임은 AI 기술이 초래할 수 있는 교육적 불평등, 프라이버시 침해, 기술 편향성에 대해 민감하게 반응하고 이에 대한 대응 전략을 수립할 수 있는 비판적 윤리 실천 능력이다(Floridi et al., 2018). 교수자는 기술 도입이 교육적 가치에 미치는 영향을 성찰하고, 기술 사용의 윤리적 기준을 교육 현장에 내면화해야 한다.

이러한 역량은 상호 보완적으로 작동하며, TPCK 모델(Technological Pedagogical Content Knowledge)에 AI 활용과 윤리 감수성을 접목한 TPCK+AI Framework를 통해 교육 과정 속에서 통합적으로 개발될 수 있다(Koehler et al., 2013). 미래 교수자는 단순한 기술 숙련자가 아닌, 기술과 교육의 의미를 연결하는 철학적 실천

가로 자리매김해야 한다.

## AI 활용 기반의 교수법과 수업 전략

AI 기술은 단순 보조 도구를 넘어, 교수법 그 자체를 재구성하는 교육적 매개로 작용하고 있다. 특히 수업 유형별로 교수자가 AI를 전략적으로 활용하면, 학습자의 참여도, 자기 주도성, 성찰 능력을 유의미하게 향상시킬 수 있다(Luckin, 2018).

강의형 수업에서는 AI 기반 자동 요약 도구를 활용해 학습자가 강의 핵심을 구조화하고, 실시간 설문 · 퀴즈 플랫폼을 통해 즉각적인 피드백과 이해도 점검을 가능케 한다. 또한 음성 텍스트 변환 기술은 수업 자료의 접근성과 복습 용이성을 높인다. 이러한 활용은 대규모 강의에서 정보 전달의 효율성과 상호 작용성을 동시에 확보하는 데 효과적이다.

세미나형 수업에서는 AI 기반 토론 분석 도구를 활용해 발화 빈도, 논증 구조, 감정 톤을 시각화함으로써, 학습자는 자신의 사고 흐름을 메타인지적으로 검토할 수 있고, 교수자는 정성적 피드백을 정교하게 설계할 수 있다. 이는 비판적 사고와 표현 능력의 질적 향상을 유도한다.

문제 기반 수업(PBL)에서는 협업 AI 도구(Notion AI, Copilot, Perplexity Teams 등)를 통해 자료 수집, 아이디어 브레인스토밍, 초안 작성 등의 과정에서 창의성과 실천력을 촉진할 수 있다. 교수자는 AI의 개입을 통해 학생들이 정보의 질과 출처를 판단하도록 유도하고, 과제 수행 과정 전반을 촉진하는 멘토의 역할을 수행하게 된다.

이러한 수업 전략은 수업 전(사전 진단, 배경 지식 탐색), 수업 중(실시간 피드백, 학습 진행 분석), 수업 후(학습 성찰, 평가 정리)라는 3단계 구조로 통합되어야 하며, 각 단계에서 AI의 개입이 학습자의 주체적 탐구를 촉진하는 방향으로 설계되어야 한다(Sharples, 2019). 핵심은 AI가 교수자의 역할을 대체하는 것이 아니라, 교수자의 교육 목표를 실현하는 파트너로 기능하게 만드는 것이다.

## 학습자 중심 교육의 실천과 교수자의 전환

AI 기반 학습 환경에서 교수자의 가장 핵심적인 과제는 학습자 중심 교육의 실질적 구현이다. 이는 교수자의 역할을 단순 지식 전달자에서 성찰 촉진자, 피드백 협상자, 의미의 공동 생산자로 전환할 것을 요구한다. AI가 정보 제공과 평가를 자동화하는 상황에서 교수자의 고유한 역할은 학습자와의 교육적 관계를 통해 자율성과 참여를 촉진하는 것이다.

학습자 중심 교육은 단지 학습자의 선택 폭을 넓히는 것이 아니라, 학습자가 비판적 사고와 자기 주도성을 바탕으로 학습을 설계하고 재구성할 수 있는 공간을 제공하는 것을 의미한다. 이러한 철학을 실천하기 위해 교수자는 학생이 AI를 맹목적으로 수용하지 않고, AI의 결과를 성찰하고 의문을 제기할 수 있도록 질문하고 구조화하는 역할을 수행해야 한다. 이는 '피드백을 제공하는 자'가 아니라, 피드백의 해석을 학습자와 함께 구성하고 반영하는 중재자로서의 태도를 요구한다.

또한 교수자는 학습자와의 관계를 통제와 지시가 아닌 신뢰와 공동 탐색의 기반 위에 형성해야 한다. 이는 교육을 수직적 지식 전달 구조에서 벗어나, AI를 포함한 다양한 매개체와 함께 지식과 의미를 공동 구성(co-construction)하는 수평적 실천으로 재구성하는 방향성을 내포한다.

AI 시대의 교수자는 도구의 사용자이기보다는, 인간-기술 상호 작용의 의미를 철학적으로 탐구하고 교육적으로 실천하는 매개자로 기능해야 하며, 이러한 감수성이 바로 새로운 교육 전문성의 핵심이 된다.

## 교육자로서의 윤리적 책무와 도전

AI는 이제 교수자의 도구를 넘어 교육적 동반자(educational partner)로 기능하고 있다. 교수자는 AI가 제시하는 피드백, 평가, 진단 결과를 수용하거나 보완하며, 학습 과정을 공동 조율하는 방식 안에서 활동하게 된다. 이 협업은 교육의 효율성과 개인화를 확대하지만 동시에 윤리적·정치적 책임 구조의 재정립을 요구한다.

첫째, 데이터 편향성은 교육에서 가장 중대한 윤리 쟁점이다. AI가 제시하는 학습자 진단 결과는 훈련 데이터에 의존하며, 불완전하거나 대표성이 부족한 데이터 세트는 특정 집단에 대한 차별을 낳을 수 있다. 교수자는 이를 인지하고, AI의 판단을 맹신하지 않고 비판적으로 중재할 수 있는 해석 주체가 되어야 한다.

둘째, 알고리즘의 투명성과 설명가능성은 교수자와 학습자의 교육적 신뢰 형성의 전제 조건이다. 교수자는 학습자에게 AI의 작동 원리를 설명하고, 출력 결과의 한계를 공유할 수 있어야 하며, 이는 교수자의 AI 리터러시를 필수 역량으로 격상시킨다.

셋째, AI 기술 도입은 대학 간, 교수자 간 교육 격차를 확대할 수 있다. 기술 접근성, 플랫폼 활용 능력, 교육 인프라 수준에 따라 교육 불평등과 제도적 신뢰 위기를 초래할 수 있기에, 교수자 개별 역량에 의존하지 않는 제도적 대응 체계가 필요하다.

이와 같은 도전 과제에 대응하기 위해 대학은 다음과 같은 체계를 구축해야 한다. 교수자 대상 AI 윤리 교육 프로그램의 운영, 교육용 AI 가이드라인의 제정, 알고리즘 투명성 확보를 위한 정책 마련, 그리고 교육 현장 내 AI 거버넌스 체계의 수립이다. 교수자는 이러한 변화의 수동적 수용자가 아닌, 능동적 참여자이자 윤리적 판단 주체로서 자기 정체성을 새롭게 구성해 나가야 한다.

### 참고문헌

Biesta, G.(2010). *Good Education in an Age of Measurement.* Routledge.

Floridi, L. et al.(2018). AI4People—An ethical framework for a good AI society. *Minds and Machines, 28*(4), pp.689~707.

Koehler, M. J. & Mishra, P.(2013). *Introducing TPCK.* Handbook of Technological Pedagogical Content Knowledge.

Luckin, R.(2018). *Machine Learning and Human Intelligence.* UCL IOE Press.

Ng, W.(2012). Can we teach digital natives digital literacy? *Computers & Education, 59*(3), pp.1065~1078.

Panadero, E. et al.(2017). A review of self-regulated learning: Six models and four directions. *Educational Psychology Review, 29*(3), pp.1~28.

Selwyn, N.(2019). *Should Robots Replace Teachers?* Polity Press.

Sharples, M.(2019). *Practical Pedagogy: 40 New Ways to Teach and Learn.* Routledge.

07

# 미래 직업과 요구 역량

AI의 발전은 직업 구조를 변화시키며, 단순 반복 업무는 자동화되고 창의적 · 비판적 사고가 요구되는 직무가 증가하고 있다. 이 장에서는 AI 시대에 요구되는 핵심 역량을 분석하고, 변화하는 노동 시장에서 경쟁력을 갖추기 위한 전략을 모색한다. 나아가 대학 교육이 이러한 변화에 대응하기 위한 방안을 고민하며, 미래 인재 양성을 위한 교육 방향을 제안한다.

AI와 윤동주?

## AI가 재편하는 직업 세계의 변화

AI 기술의 발전은 단순한 자동화를 넘어, 노동의 구조와 직업 개념 자체를 근본적으로 재편하고 있다. 특히 반복적이고 규칙 기반의 업무(단순 회계 처리, 고객 응대, 기초 통계 분석, 기사 작성 초안 등)는 점점 더 기계 학습 알고리즘에 의해 대체되고 있다(Frey & Osborne, 2017). 이와 함께 인간의 개입이 요구되는 고차원적 영역, 즉 창의적 기획, 복잡한 문제 해결, 정서적 소통, 윤리적 판단이 중심이 되는 직무군이 확장되고 있다.

이 과정에서 새롭게 주목받는 것은 '하이브리드 직업군'이다. 이는 기술적 이해와 인간 중심 역량이 결합된 형태의 직무로, 예를 들어 교육 기술 디자이너, AI 기반 커뮤니케이션 전문가, 데이터 기반 윤리 설계자 등이 이에 속한다(World Economic Forum, 2023). 이러한 직무는 단순한 기능 습득이 아니라, 다양한 분야 간의 연결성과 통섭적 사고를 요구하며, 기존 전공 중심 교육의 경계를 넘는 역량을 필요로 한다.

무엇보다 중요한 변화는, 기술의 진보가 인간의 역할을 무의미하게 만드는 것이 아니라 오히려 '인간만이 할 수 있는 일'의 중요성을 재조명하고 있다는 점이다. 감정 조율, 윤리적 중재, 사회적 협상, 창의적 설계와 같은 역량은 기계가 쉽게 대체할 수 없는 인간 고유의 활동이며, 미래 노동 시장은 점점 더 이러한 비계량적 · 비정형적 능력의 중심성을 강화할 것으로 전망된다(Brynjolfsson & McAfee, 2014).

## AI 시대의 핵심 역량과 인간 능력의 재구성

AI 기술이 대체하는 것은 단순한 작업이 아니라, 반복 가능하고 예측 가능한 사고 구조다. 이에 따라 미래 사회가 요구하는 핵심 역량은 기계가 모방하기 어려운 복합적 · 상황 맥락적 인간 능력으로 이동하고 있다. 세계경제포럼(WEF), 경제개발협력기구(OECD), 유네스코(UNESCO) 등은 향후 10년을 이끌 핵심 역량으로 공통적으로 창의성, 비판적 사고, 협업, 문제 해결 능력, 디지털 리터러시, 윤리적 판단력을 강조하고 있다(World Economic Forum, 2023).

특히 이들 역량은 크게 인지적 역량(critical thinking, learning agility), 감성적 역량(empathy, resilience), 기술적 소양(digital & AI literacy)이 결합된 통합형 복합 역량(hybrid competencies)의 형태를 띤다. 이러한 역량은 단일 기술로는 계발될 수 없으며, 다분야 융합 환경, 문제 중심 학습, 실천 기반 프로젝트를 통해 복합적으로 형성된다.

최근 교육계에서는 이러한 역량을 딥 스킬(deep skills), 소프트 스킬(soft skills), 그리고 AI 협업 역량(AI collaboration competencies)으로 구분해 다층적으로 설계하려는 시도가 활발하다. 딥 스킬은 특정 분야에 대한 통찰력과 원리 이해를, 소프트 스킬은 대인 관계와 감정지능을, AI 협업 역량은 알고리즘을 해석하고 인간 중심으로 조율할 수 있는 능력을 뜻한다(McKinsey, 2021).

결국, 미래의 경쟁력은 자동화된 도구 사용이 아니라, 도구의 출력물을 해석하고, 맥락화하며, 새로운 방식으로 재구성할 수 있는 능력에 달려 있다. 이는 교육이 지식 습득이 아닌 의미 구성과 판단의 역량 중심 구조로 전환되어야 함을 시사한다.

## AI 시대의 핵심 역량과 인간 능력의 재구성

AI 기술은 직업 세계를 '하나의 직업에 정착하는 경로'에서 다양한 역할과 프로젝트 중심의 유동적 경력 경로(portfolio career)로 변화시키고 있다. 고정된 직무보다, 특정 시점에서 자신이 수행할 수 있는 문제 해결 역량, 협업 경험, 학습 민첩성(learning agility)이 경력 경쟁력의 기준이 되는 추세다(McKinsey, 2020). 이에 따라 정적인 이력서보다 동적인 역량 포트폴리오가 중요한 경로 설계 도구로 부상하고 있다.

또한 AI 시대에는 기술이 인간의 결정을 보완하거나 대체하는 상황이 점차 늘어남에 따라, 인간의 도덕적 판단이 그 어느 때보다 중요한 기준점이 된다. 자동화된 알고리즘이 방대한 데이터를 바탕으로 의사 결정을 내릴 수는 있지만 그 과정에는 인간 삶의 맥락, 감정, 윤리적 책임성과 같은 비계량적 요소가 빠져 있다. 특히 교육, 의료, 법률 등 인간의 삶에 중대한 영향을 미치는 영역에서는, AI의 판단이 가져올 사회적 결과에 대해 인간이 비판적으로 숙고하고, 필요 시 개입할 수 있어야 한다. 이러한 이유로 플로리디(Luciano Floridi)는 "좋은 AI 사회"를 위한 윤리적 틀을 제안하면서, 인간의 책임과 가치 판단이 기술적 설계의 중심에 놓여야 한다고 강조한다. AI는 윤리적 판단을 내릴 수 있는 존재가 아니라, 그러한 판단을 가능하게 할 수단일 뿐이며, 그 판단의 주체는 결국 인간이어야 한다는 것이다(Floridi et al., 2018).

## 대학 교육의 대응 과제와 기회

AI가 노동 시장의 요구를 빠르게 변화시키는 가운데, 대학 교육은 여전히 전통적인 전공 중심 커리큘럼과 일방적인 지식 전달 구조에 머무르고 있다. 이러한 구조는 변화하는 사회와 직무 세계의 역동성을 반영하지 못하며, 학생들이 실제 문제 해결에 필요한 융합적 사고와 실천 능력을 기르기 어렵게 만든다(Araya & Peters, 2010).

이에 따라 대학 교육은 전공 내 전문성에 더해, 타 분야와 연결 가능한 '전공+X' 융합 모델로의 전환이 요구된다. 예컨대, 인문학+데이터 사이언스, 디자인+AI, 윤리+기술 정책 등의 융합 트랙은 기술의 사회적 맥락 이해와 실용적 적용 역량을 동시에 갖춘 인재 양성을 목표로 한다.

또한 교육 방식 측면에서는 문제 · 프로젝트 기반 학습(PBL), 메타인지 중심 설계 등 학습자의 자율성과 성찰을 유도하는 교수법이 중심이 되어야 하며, 이는 AI를 활용한 학습 진단과 맞춤형 경로 설계를 통해 더욱 효과적으로 실현될 수 있다(Sharples et al., 2019). 학습자가 자신의 선호, 이해 수준, 목표에 따라 콘텐츠를 선택하고 역량을 계발할 수 있도록, 교육은 고정된 과정에서 유연한 시스템으로 진화해야 한다.

이러한 변화는 단지 교육 내용의 재편이 아니라, 교수자의 역할, 평가 구조, 교육 철학 전반의 전환을 의미하며, 대학은 기술 변화의 수용자이자 교육 혁신의 설계자로 기능해야 한다.

## 미래 인재 양성을 위한 교육 방향

AI 시대의 인재는 단순히 기술을 잘 다루는 사람이 아니라, 기술을 비판적으로 활용하고, 복잡한 사회 문제를 공동으로 해결하며, 윤리적 판단을 내릴 수 있는 시민적 주체로 정의된다. 따라서 미래 인재 양성을 위한 교육은 인간 중심 역량을 바탕으로 한 새로운 설계 원리를 요구한다.

이러한 교육의 중심에는 교수자와 학습자의 관계 재구성이 필요하다. 교수자는 더 이상 일방적 지식 전달자가 아니라, 학습 촉진자(조력자), 환경 설계자, 성찰 유도자로서 역할을 수행해야 하며, 학습자는 수동적 수혜자가 아닌 능동적 학습 주체로 성장해야 한다(Biesta, 2010).

또한 대학은 교육 내용을 사회와 연결하는 지역 사회 및 산업 협력 기반의 실천적 학습(Real-world PBL)을 적극 도입해야 한다. 사회 문제 해결형 프로젝트, 기업 참여 과제, 시민 데이터 기반 학습 등은 학습자의 역량을 현실 맥락 속에서 확장시키는 장치가 된다(김홍규 · 이상욱, 2024).

마지막으로, 기술 변화에 대한 대응은 글로벌 윤리와 사회적 책임을 통합하는 교육 전략과 함께 이루어져야 한다. 기술의 효과뿐 아니라 그로 인한 불평등, 편향성, 거버넌스 문제를 함께 고민하게 하는 교육은, AI 시대 인재의 지식과 가치, 역량과 공동체 의식의 통합적 함양을 목표로 한다.

### 참고문헌


김홍규·이상욱(2024). "PBL을 활용한 AI 리터러시 교육 사례 연구: 한양대학교 〈인공지능의 철학〉 과목의 주제 구성과 운영". 《교양학연구》, 83~113쪽.

Araya, D. & Peters, M. A. (Eds.).(2010). *Education in the Creative Economy.* Peter Lang.

Biesta, G.(2010). *Good Education in an Age of Measurement.* Routledge.

Brynjolfsson, E. & McAfee, A.(2014). *The second machine age: Work, progress, and prosperity in a time of brilliant technologies.* WW Norton & Company. 이한음 옮김(2014). 《제2의 기계 시대: 인간과 기계의 공생이 시작된다》. 청림.

Floridi, L. et al.(2018). AI4People—An ethical framework for a good AI society. *Minds and Machines, 28*(4), pp.689~707.

Frey, C. B. & Osborne, M. A.(2017). The future of employment: How susceptible are jobs to computerisation? *Technological Forecasting and Social Change, 114*, pp.254~280.

McKinsey & Company.(2020). "Skill Shift: Automation and the Future of the Workforce".

McKinsey & Company.(2021). "Defining the skills citizens will need in the future world of work".

OECD.(2018). "The Future of Education and Skills 2030".

Sharples, M. et al.(2019). "Innovating Pedagogy 2019". The Open University.

World Economic Forum.(2020). "Strategies for the New Economy: Skills as the Currency of the Labour Market".

World Economic Forum.(2023). "Future of Jobs Report 2023".

08

# AI 윤리와 책임 있는 활용

AI의 발전은 윤리적 책임과 사회적 영향에 대한 논의를 필수적으로 요구한다. 이 장에서는 AI의 편향성, 프라이버시 문제, 책임 소재 등 주요 윤리적 쟁점을 살펴보고, 대학 교육에서 AI 윤리를 다루는 적절한 방식과 방향을 논의한다. 또한 학생들이 AI를 비판적으로 평가하고 윤리적으로 활용할 수 있도록 교육 과정에 윤리적 사고를 포함하는 방안을 모색하며, 책임 있는 AI 활용을 위한 방향을 제시한다.

AI와 한의학?

## AI 윤리의 핵심 쟁점: 기술 너머의 물음들

AI의 고도화는 기술적 진보만이 아니라, 사회적 책임과 인간 존엄에 대한 윤리적 물음을 함께 제기한다. 특히 대학 교육은 AI의 활용 능력을 넘어, 이를 비판적으로 해석하고 책임 있게 사용할 수 있는 윤리적 사고를 길러야 한다. 이를 위해서는 AI 윤리의 핵심 쟁점을 단순 기술적 오류가 아닌, 사회적 권력 관계와 인간 조건의 문제로 접근해야 한다.

첫째, 알고리즘 편향성과 차별 문제는 AI 윤리에서 가장 우선적으로 제기되는 쟁점이다. 알고리즘은 중립적인 도구가 아니라, 특정한 데이터 세트와 설계자의 판단, 사회 구조적 맥락 속에서 작동하며, 인종 · 성별 · 계층에 따른 불균형을 재생산할 수 있다(김효은, 2019). 예를 들어, 채용 알고리즘이 과거 데이터를 학습해 특정 성별이나 학교 출신을 우대하거나, 범죄 예측 시스템이 특정 인종 집단을 과잉 감시하는 결과를 낳는 사례는, 기술이 기존의 사회적 불평등을 강화할 수 있음을 보여 준다.

둘째, 설명가능성과 투명성의 부족은 AI가 결정 내리는 과정을 인간이 이해하거나 통제하기 어렵게 만든다. 이른바 '블랙박스 모델'은 알고리즘이 왜 그러한 결과를 도출했는지 설명하지 못하며, 이는 사용자뿐 아니라 설계자조차도 결정의 책임과 오류 원인을 명확히 파악하지 못하는 구조를 낳는다(목광수, 2024). 교육 현장에서 이는 '신뢰할 수 없는 시스템' 혹은 '무조건 수용하는 기술'이라는 양극단의 태도를 유발할 수 있다.

셋째, 프라이버시와 감시 문제는 AI 기술의 확산과 함께 교육 · 노동 · 소비 등 일상 영역 전반에서 심화되고 있다. 학습 분석 시스템이나 감정 인식 기술은 학습자의 행동, 표정, 생체 정보를 수집하며, 이는 성과 향상이라는 명분 아래 개인 정보를 비자발적으로 노출시키는 감시 환경을 형성할 수 있다(Zuboff, 2019). 교육은 이와 같은 기술의 이면을 탐색하고, 데이터 권리와 정보 주권에 대한 시민적 감수성을 고양해야 한다.

넷째, 책임 소재의 불명확성은 인간과 AI가 공동으로 의사 결정을 내리는 상황에서 특히 문제가 된다. 자율주행차, 의료 진단 시스템, 자동 채점 시스템 등에서 오류가 발생했을 때, 그 책임은 누구에게 있는가? 개발자, 사용자, 플랫폼, 데이터 제공자 간의 책임 분산 구조는 실질적인 책임 회피로 이어질 수 있으며, 이는 AI 사회의 신뢰 기반을 약화시킨다(Floridi et al., 2018).

마지막으로, 자동화된 결정이 인간 존엄에 미치는 영향은 윤리적 성찰의 근본 축이다. 인간의 선택과 판단,

대화와 관계 형성의 영역이 기계적으로 대체될 때, 인간 존재의 고유성은 어떻게 보장될 수 있는가? 이는 교육이 AI 기술을 단지 '효율성 도구'로 가르칠 것이 아니라, 기술이 인간에게 무엇을 의미하는지 묻는 존재론적 교육으로 확장되어야 함을 시사한다.

## 국제적 윤리 원칙과 정책 동향

AI의 윤리적 활용을 위한 국제적 논의는 2020년대에 들어 더욱 체계화되었으며, 다수의 글로벌 거버넌스 기구가 기술의 개발과 적용에 있어 인간 중심의 가치와 책임 윤리를 중심에 두는 원칙을 제시하고 있다.

대표적으로 유네스코(UNESCO)의 "AI 윤리 권고안(2021)"은 인권, 포용성, 지속가능성, 데이터 주권, 알고리즘 투명성 등을 핵심 원칙으로 삼고 있으며, '모든 AI 시스템은 인간의 존엄성과 공익을 우선해야 한다'고 명시한다. 이는 단지 기술 설계자의 윤리를 넘어, 이용자 교육과 사회적 감시 구조의 필요성까지 포함한다.

EU의 "인공지능 법(AI Act)"은 위험 기반 접근(risk-based approach)을 중심으로 고위험 AI 시스템(얼굴 인식, 의료 진단 등)에 대해 엄격한 규제와 투명성을 요구하고, 기본권 침해 가능성을 사전에 평가하도록 하고 있다. 이와 달리, OECD의 "AI 원칙(2019)"은 국제 협력과 기술 혁신의 조화를 강조하며, AI의 설명가능성, 안전성, 공정성, 책임성을 중심 가치로 제시한다.

미국은 기술 규제보다는 자율 규범과 시장 주도의 책임을 강조하는 미국 국립표준기술연구소(NIST)의 "AI RMF(2023)"를 중심으로 '신뢰할 수 있는 AI(Trustworthy AI)'에 대한 지침을 제시하고 있으며, 이는 위험 관리와 내부 지배구조 설계에 무게를 둔다. 국내에서도 과학기술정보통신부의 "AI 윤리 기준(2020)", NIA의 "AI 윤리 실천 가이드"가 마련되어, '인간 중심', '책임성', '편향 최소화', '투명한 설명' 등을 공통 가치로 정립하고 있다.

이러한 정책들은 추상적 선언에 머무를 것이 아니라, 교육 현장에서 비판적 윤리 판단과 실천적 감수성을 기르는 수업 활동으로 전환되어야 한다. 예를 들어, 학생들에게 각국의 윤리 원칙을 비교하게 하거나, 실제 사례에 각 원칙을 적용해 보는 수업을 통해 정책 문서를 비판적으로 해석하고 자신의 입장을 구성하는 능력을 계발할 수 있다. 교육은 단지 원칙을 소개하는 데 그치지 않고, 원칙의 충돌과 맥락적 적용 가능성을 탐색하는 윤리적 토론의 장을 마련해야 한다.

## 대학 교육에서 AI 윤리를 다루는 방식과 과제

AI 윤리를 교육 현장에 통합하는 방식은 대체로 ① 독립 교과 개설과 ② 전공 통합형 융합 교육으로 구분된다. 전자는 'AI 윤리', '디지털 윤리' 등의 과목을 통해 집중적으로 윤리적 이슈를 다루는 방식이며, 후자는 공학, 디자인, 사회과학, 인문학 등 각 전공 내에 윤리적 사고를 통합하는 방식이다(김효은, 2020). 독립 교과는 구조화된 접근이 가능하지만 단절된 인식으로 귀결될 위험이 있고, 통합형 모델은 실제 사례에 밀접하지만 교수자의 준비 역량이 중요하다.

AI 윤리를 실천적으로 가르치기 위해서는 강의 중심 전달을 넘어서, 윤리적 딜레마 기반 토론, 알고리즘 편향성 탐지 실습, 사례 분석 기반 프로젝트 등의 활동 중심 수업 전략이 효과적이다. 예를 들어, 학생들에게 AI 채용 시스템의 결과를 분석하고 관련 윤리 원칙을 적용·비판하게 하는 과제는 기술적 이해와 윤리적 판단을 통합적으로 훈련시킬 수 있다.

또한 평가 방식은 단순 정답형이 아닌 루브릭 기반의 비판적 성찰 평가, 토의 참여도와 논증 구성력 중심의 과제 평가로 전환되어야 한다. 이는 윤리를 '외부 규범의 습득'이 아닌, 학생 스스로 가치 충돌을 인식하고 판단하는 내면화 과정으로 이끄는 핵심 장치가 된다.

결국 AI 윤리 교육의 핵심 과제는 실천과 성찰의 균형을 이루는 것이다. 학생들이 기술을 배우는 동시에 "이 기술은 누구에게, 어떻게 영향을 미치는가?"를 스스로 질문하게 만드는 수업 설계가 필요하다. 이는 윤리를 지식이 아닌 행위의 방향성과 공동체적 책임을 구성하는 문화적 감수성으로 다루는 교육으로 이어져야 한다.

## 학생의 비판적 사고와 윤리적 감수성 함양 전략

AI 윤리 교육의 핵심은 학생들이 기술에 대한 단순한 수용자가 아니라, 윤리적 감수성과 비판적 사고를 갖춘 책임 있는 사용자로 성장하도록 돕는 데 있다. 이를 위해 가장 우선적으로 요구되는 것은 윤리적 감수성(ethical sensitivity), 즉 기술 사용 과정에서 문제를 감지하고 판단해야 할 지점을 인식하는 능력이다(Rest, 1986). 이는 단순한 윤리 지식보다 먼저 훈련되어야 하는 판단의 전제 조건이다.

학습자들이 이러한 감수성을 기를 수 있도록 하기 위해서는, 생성형 AI가 생산한 텍스트나 이미지 결과물에 대해 근거 추적 활동(trace the source), 편향성 분석(bias detection), 반례 구성(counter-example) 등의 전략을 포함한 실습 중심 수업이 효과적이다. 예컨대 "이 결과는 왜 이렇게 나왔는가?", "누구의 시각이 누락되어 있는가?", "이 정보는 어떤 맥락을 전제하는가?"와 같은 메타 질문 구성 훈련은 사고의 깊이를 확장시킨다.

또한 역할극(role-playing)이나 입장 바꾸기 활동(perspective shifting)을 통해 다양한 이해관계자의 입장에서 기술의 영향을 상상하고 서술하게 하는 수업은 윤리적 상상력과 공감 능력을 키우는 데 효과적이다. 이는 특히 채용 알고리즘, 감정 인식 AI, 교육용 모니터링 시스템처럼 윤리적 쟁점이 명확한 실제 사례를 기반으로 수행될 때 현실성을 갖는다.

이와 함께, 학생들이 AI에 대해 무비판적 신뢰를 갖지 않도록 하기 위해서는 '기술 거리 두기(distancing from automation)' 훈련이 필요하다. 이는 기술의 효용성과 한계를 동시에 탐색하도록 유도하는 방식으로, "이 기술은 반드시 필요한가?", "사람이 결정하는 것이 더 적절한가?"와 같은 질문을 중심으로 진행될 수 있다.

결국, AI 윤리 교육은 가치 판단의 일방적 주입이 아니라, 스스로 질문을 구성하고 논쟁할 수 있는 윤리적 시민 역량을 기르는 과정이어야 하며, 이를 위한 수업 전략은 인지적 탐구와 정서적 감수성의 통합을 지향해야 한다.

## 참고문헌

과학기술정보통신부(2020). 《지능정보사회 윤리 기준》.

김효은(2019). 《인공지능과 윤리》. 커뮤니케이션북스.

김효은(2020). "의사 결정 자동화에 대한 대응으로서의 인공지능윤리교육". 《윤리교육연구》, 277~300쪽.

목광수(2024). 《인공지능 개발자 윤리》. 커뮤니케이션북스.

한국지능정보사회진흥원(NIA)(2021). 《AI 윤리 실천 가이드》.

European Commission.(2023). "EU Artificial Intelligence Act".

Floridi, L. et al.(2018). AI4People—An ethical framework for a good AI society. *Minds and Machines, 28*(4), pp.689~707.

NIST.(2023). "AI Risk Management Framework".

Noble, S. U.(2018). *Algorithms of Oppression.* NYU Press.

OECD.(2019). "OECD Principles on AI".

Rest, J. R.(1986). *Moral Development: Advances in Research and Theory.* Praeger.

UNESCO.(2021). "Recommendation on the Ethics of Artificial Intelligence".

Vallor, S.(2016). *Technology and the Virtues: A Philosophical Guide to a Future Worth Wanting.* Oxford University Press.

Zuboff, S.(2019). *The age of surveillance capitalism: the fight for a human future at the new frontier of power.* Hachette Book Group. 김보영 옮김(2021). 《감시 자본주의 시대: 권력의 새로운 개척지에서 벌어지는 인류의 미래를 위한 투쟁》. 문학사상.

## 09
## AI 리터러시 교육 설계

AI 리터러시 교육은 기술 활용에 대한 지식 습득을 넘어 비판적 사고, 창의성, 윤리적 판단을 포함해야 한다. 효과적인 AI 리터러시 교육 과정을 설계하는 방법을 탐구하고, 국내외 사례를 분석해 대학 교육에서 적용할 방향을 제시한다. 또한 정책적 지원과 제도적 개선 방안을 논의하며, AI 시대에 필요한 교육 혁신과 지속 가능한 학습 환경 구축을 위한 전략을 모색한다.

AI와 화장품?

## 문제 중심 접근을 활용한 AI 리터러시 교육 과정 설계

문제 기반 학습(Problem-Based Learning, PBL)은 실제적이고 복합적인 문제를 중심으로 학습자의 능동적 참여와 협력을 촉진해 비판적 사고와 창의적 문제 해결 능력을 배양하는 데 효과적이다. 이는 학습자가 스스로 문제를 정의하고 필요한 지식과 기술을 탐색하며 해결책을 구성하는 과정에서 자기 주도적 학습 역량과 협업 능력을 동시에 발전시키도록 한다. 특히 AI 리터러시 교육에서는 기술적 지식을 단순히 습득하는 것을 넘어 윤리적 판단, 책임 있는 결정, 사회적 영향력에 대한 성찰을 중요시해야 한다. 따라서 AI 기술이 제기하는 개인 정보 보호, 알고리즘 편향성, 인공지능의 책임 문제 등 실제적이고 논쟁적인 문제 상황을 제공해 학생들이 복합적인 맥락에서 비판적 사고와 윤리적 성찰을 수행할 수 있도록 돕는 것이 바람직하다(김홍규 · 이상욱 2024).

이를 위해 교수자는 먼저 AI 리터러시 교육 과정의 명확한 학습 목표를 설정하고, 실제 상황과 밀접한 관련이 있는 현실적인 문제 시나리오를 신중하게 선정해야 한다. 문제 시나리오는 학생들에게 동기 부여와 참여를 촉진할 수 있도록 흥미롭고 도전적이어야 하며, 다양한 관점과 학제적 접근이 가능하도록 설계되어야 한다. 또한 교수자는 학생들이 문제해결 과정에서 마주치는 어려움과 혼란을 최소화할 수 있도록 촉진자의 역할을 적극적으로 수행하고, 학습 과정과 결과에 대한 체계적이고 구체적인 평가 기준을 마련해 학생들이 지속적으로 비판적, 창의적 사고를 발전시킬 수 있도록 효과적인 피드백을 제공해야 한다.

## 국내외 AI 리터러시 교육 사례 분석

국내 대학의 경우 주로 기술적 역량과 실무 응용 중심의 AI 리터러시 교육을 강조하며, 공학과 정보통신 분야에서 성공적으로 운영된 사례들이 있다. 예를 들어, 국립한밭대학교는 2018학년도 1학기부터 '인공지능 윤리' 과목을 국내 대학 최초로 정규 과목으로 개설했다. 이 과목은 '윤리적인 행동을 하는 인공지능을 만드는 방법'에 대해 학생들에게 공부할 기회를 제공함과 동시에 기업에서 인공지능의 윤리적 설계의 필요성에 대한 관심이 높아지고 있는 가운데 산학연 수요를 대응하기 위한 노력의 일환이었다.

해외 대학에서는 보다 통합적이고 다학제적인 접근 방식을 채택해 AI 리터러시를 강조하고 있다. 미국 스탠

퍼드대학교는 AI 기술의 사회적, 윤리적 영향력을 중심으로 교육 과정을 설계해 학생들이 기술 개발뿐만 아니라 사회적 책임과 윤리적 판단력을 강화하도록 돕고 있다. 영국 옥스퍼드대학교 역시 AI 윤리와 철학적 성찰을 강조한 다학제적 프로그램을 운영해 다양한 학문적 배경을 가진 학생들이 AI 기술을 비판적으로 탐구하도록 지원한다(김효은, 2020). 한편, 핀란드 헬싱키대학교는 온라인을 통해 전 세계 학생들에게 AI 기초 지식과 윤리적 고려 사항을 제공하는 오픈형 프로그램을 운영해 국제적으로 큰 주목을 받고 있다(이상욱 외, 2024).

이러한 사례들의 비교 분석을 통해 국내 대학은 단순 기술적 역량 강화를 넘어 윤리적, 사회적 차원의 AI 교육을 더욱 강화할 필요가 있다. 특히 학습자의 적극적 참여와 비판적 성찰을 촉진하는 교육 방식, 학제 간 협력 모델, 글로벌 학습 환경 구축 등 다양한 요소를 도입해 AI 시대에 필요한 통합적이고 미래지향적인 리터러시를 배양할 수 있는 방향으로 발전시켜 나가야 한다.

## AI 리터러시 역량 평가와 피드백 전략

AI 리터러시 역량 평가에서는 단순히 지식 습득 수준을 측정하는 데 그치지 않고, 비판적 사고력, 윤리적 판단력,

문제 해결 능력과 같은 복합적인 역량을 통합적으로 평가할 수 있는 체계를 구축하는 것이 중요하다(Voogt & Roblin, 2012). 이러한 평가 체계는 주로 포트폴리오 평가, 수행 평가, 자기 평가 및 동료 평가 등 다양한 평가 방식을 통합해 적용하는 것이 효과적이다(Black & Wiliam, 2009).

포트폴리오 평가는 학습자가 학습 과정 동안 수행한 프로젝트, 과제, 성찰 일지 등을 종합적으로 평가해 AI 리터러시 역량의 발전 정도를 심층적으로 확인할 수 있다. 특히 학생들의 비판적 사고 및 창의적 문제 해결 과정이 어떻게 발전해 왔는지 시간 순으로 분석하고, 학습자의 성장 과정을 명확히 시각화하는 데 유용하다(Baume & Yorke, 2002).

수행 평가는 실제 상황과 유사한 문제를 해결하는 과정에서 학생들이 발휘하는 역량을 평가하는 방식으로, AI 관련 윤리적 문제나 실제적 과제를 설정해 학생들의 윤리적 판단력과 사회적 책임감을 평가할 수 있다. 예를 들면, 알고리즘의 윤리적 사용이나 데이터 편향 문제를 해결하는 프로젝트를 통해 학생들의 비판적이고 실천적인 사고 능력을 확인할 수 있다(Linn et al., 1991).

자기 평가와 동료 평가는 학생들이 자신의 학습 과정과

결과를 객관적으로 돌아보고 성찰하는 능력을 높이며, 다른 학생들과의 협력적 상호 작용을 통해 서로의 학습 성과를 향상시키는 데 기여한다. 이 평가 방식은 특히 협력 학습과 문제 기반 학습(PBL)에서 효과적으로 활용될 수 있으며, 학생들의 메타인지 능력과 협업 역량을 강화하는 데 도움을 준다(Nicol & Macfarlane-Dick, 2006).

효과적인 피드백 전략 역시 중요한 요소로, 교수자는 구체적이고 행동 중심적인 피드백을 제공해 학생들이 AI 리터러시 역량을 지속적으로 개선할 수 있도록 해야 한다. 피드백은 학습자 개인의 발전 목표와 연결되어야 하며, 학생들이 스스로 성찰하고 자기 주도적으로 학습 전략을 조정할 수 있도록 촉진적이어야 한다(Hattie & Timperley, 2007). 이를 위해 정기적인 피드백 세션과 개별 상담을 제도화해 학생들이 평가 결과를 실제적으로 활용하고 지속적으로 역량을 발전시킬 수 있도록 지원할 필요가 있다(Carless et al., 2011).

## 정책적 지원과 지속 가능한 AI 리터러시 학습 환경 구축

AI 리터러시 교육의 효과적 구현과 지속 가능한 학습 환경 조성을 위해서는 정책적 지원과 제도적 기반 마련이 필수적이다. 먼저, 국가 차원의 AI 리터러시 교육 정책은 교육 목표의 명확화, 교육 과정 표준화 및 교육 자료 개발을 중심으로 이루어져야 한다(UNESCO, 2021). AI 시대의 빠른 기술 변화와 사회적 요구를 반영한 교육 정책의 유연성 확보 또한 중요하다. 이를 위해 정부는 지속적으로 AI 교육의 질적 수준을 점검하고, 교원 연수 프로그램 강화, 우수 사례 발굴 및 공유 등의 체계를 구축할 필요가 있다(OECD, 2019).

특히 대학 차원에서는 학내 자원의 효율적 활용과 다양한 이해관계자 간 협력을 촉진할 수 있는 제도적 기반을 마련해야 한다. 산학 협력을 통한 실제적이고 실무 중심적인 학습 환경 구축은 학생들의 AI 리터러시 역량을 향상시키는 데 효과적이다. 예컨대, 산업체 및 연구기관과의 협력을 통한 공동 프로젝트 및 현장실습 프로그램을 활성화해 실무적 경험과 이론적 지식을 효과적으로 연계하는 방안을 고려할 수 있다(Bakhshi et al., 2017).

또한 대학 간, 그리고 국제 간 네트워크 구축을 통해 AI 교육 프로그램 개발과 운영의 선진 사례를 공유하고 상호 교류함으로써 글로벌 스탠더드를 충족하는 교육 환경을 마련할 필요가 있다. 나아가 대학 내부의 융복합적 연구와 교육 환경 구축을 지원하는 정책을 통해, 다양한 전공 간 협력적 학습과 학제 간 접근을 촉진할 수 있도록 해야 한다(Brynjolfsson & Mitchell, 2017).

마지막으로, 지속 가능한 AI 리터러시 학습 환경 조성을 위해서는 장기적 관점에서의 재정적, 제도적 지원이 필수적이다. 정부 및 대학 차원의 안정적인 재원 확보 방안과 함께, 지속적이고 체계적인 평가 시스템 구축을 통해 AI 리터러시 교육 프로그램의 효과와 타당성을 지속적으로 검토하고 개선해 나가는 것이 필요하다(World Economic Forum, 2020). 이러한 다층적이고 통합적인 지원과 협력 체계를 통해 대학이 AI 시대에 걸맞은 혁신적이고 지속 가능한 교육 환경을 구축할 수 있을 것이다.

## 참고문헌

김홍규·이상욱(2024). "PBL을 활용한 AI 리터러시 교육 사례 연구: 한양대학교 〈인공지능의 철학〉 과목의 주제 구성과 운영". 《교양학연구》, 83~113쪽.

김효은(2020). "의사 결정 자동화에 대한 대응으로서의 인공지능윤리교육". 《윤리교육연구》, 277~300쪽.

이상욱 외(2024). 《인공지능시대의 교육혁신방안》, 국가교육위원회.

Bakhshi, H. et al.(2017). *The future of skills: Employment in 2030.* Pearson.

Baume, D. & Yorke, M.(2002). The Reliability of Assessment by Portfolio on a Course to Develop and Accredit Teachers in

Higher Education. *Studies in Higher Education, 27*(1), pp.7~25.

Black, P. & Wiliam, D.(2009). Developing the theory of formative assessment. *Educational Assessment, Evaluation and Accountability, 21*(1), pp.5~31.

Brynjolfsson, E. & Mitchell, T.(2017). What can machine learning do? Workforce implications. *Science, 358*(6370), pp.1530~1534.

Carless, D. et al.(2011). Developing sustainable feedback practices. *Studies in Higher Education, 36*(4), pp.395~407.

Hattie, J. & Timperley, H.(2007). The power of feedback. *Review of Educational Research, 77*(1), pp.81~112.

Linn, R. L. et al.(1991). Complex, performance-based assessment: Expectations and validation criteria. *Educational Researcher, 20*(8), pp.15~21.

Nicol, D. J. & Macfarlane-Dick, D.(2006). Formative assessment and self-regulated learning: A model and seven principles of good feedback practice. *Studies in Higher Education, 31*(2), pp.199~218.

OECD(2019). *AI in Society: OECD Principles on Artificial Intelligence.* OECD Publishing, Paris.

UNESCO(2021). *AI and Education: Guidance for Policy-makers.* UNESCO Publishing, Paris.

Voogt, J. & Roblin, N. P.(2012). A comparative analysis of international frameworks for 21st-century competencies: Implications for national curriculum policies. *Journal of Curriculum Studies, 44*(3), pp.299~321.

World Economic Forum(2020). "Schools of the Future: Defining New Models of Education for the Fourth Industrial

Revolution”. Geneva: World Economic Forum.

## 10
## 미래 대학 교육의 가능성

AI는 대학 교육의 방식뿐만 아니라 학습 환경 자체를 변화시키고 있다. 이 장에서는 AI와 인간이 협력하는 미래 교육 모델을 탐구하며, AI 기반 맞춤형 학습, 가상현실(VR)·증강현실(AR) 기술, 메타버스 강의 등 새로운 교육 환경의 가능성을 살펴본다. 또한 AI가 보완할 수 있는 역할과 인간 교수자의 필수적 역할을 조화롭게 결합하는 방안을 모색하며, 지속 가능한 미래 대학 교육의 방향을 제시한다.

종교와 AI?

## AI와 인간 협력 기반의 미래 교육 모델

미래 대학 교육은 인간 교수자와 AI 기술 간의 협력적 관계를 핵심으로 한다. AI 기술의 발전은 교육 분야에서 학습자의 개별적인 특성과 요구를 정교하게 분석해 개인 맞춤형 학습을 가능하게 하고 있다(Luckin et al., 2016). 이러한 AI 시스템은 데이터 기반의 학습 분석을 통해 학생 개개인의 이해도, 학습 속도, 선호하는 학습 방식 등을 지속적으로 평가하며 최적의 학습 콘텐츠와 경로를 실시간으로 제공한다. 이는 전통적이고 일률적인 교육 방식의 한계를 극복하고 학습의 효율성을 획기적으로 증대시킬 수 있다.

그러나 AI 기술만으로는 학습자의 창의력, 윤리적 판단력, 정서적 발달과 같은 복합적이고 인간적인 역량을 온전히 함양하기 어렵다. 따라서 인간 교수자의 역할은 여전히 필수적이다. 교수자는 학습자의 창의적 문제 해결 능력을 자극하고, 비판적 사고력과 윤리적 성찰 능력을 길러 주며, AI 시스템의 결과물을 해석하고 맥락화하는 데 중요한 역할을 수행한다. 또한 교수자는 학생들의 정서적 지지자로서 동기 부여, 정서적 공감, 인간적인 소통을 통해 학습자의 전인적인 성장을 도와야 한다(Brynjolfsson & McAfee, 2014).

결국 미래 대학 교육 모델의 성공은 AI와 인간 교수자 간의 협력적이고 균형 잡힌 역할 분담에 달려 있다. AI 기술이 인간 교수자의 업무 중 반복적이고 정형화된 부분을 보완하고 지원함으로써, 교수자는 보다 심층적인 교육 활동에 집중할 수 있다. 이러한 상호 보완적인 협력 모델을 통해 대학 교육은 효율성과 인간성을 모두 갖춘 지속 가능한 미래를 맞이할 수 있을 것이다.

## AI 기반 맞춤형 학습과 실감형 기술 활용

AI 기반 개인 맞춤형 학습 시스템은 빅데이터와 머신러닝 기술을 활용해 학습자의 학습 과정과 성과를 정밀하게 분석하고, 개개인의 이해도, 학습 속도, 학습 스타일에 따라 맞춤화된 콘텐츠와 교육 방식을 실시간으로 제공한다(Baker & Inventado, 2014). 이 시스템은 학습자의 개별적 요구를 즉각적으로 반영해 맞춤형 피드백을 제공하고, 학습 효율성을 높이며 학습자의 자기 주도 학습 역량을 강화할 수 있다. 예를 들어, 학생이 특정 주제에 어려움을 겪을 경우 시스템이 자동으로 보완 학습 자료를 제공하거나, 심화 학습이 필요한 경우 추가 콘텐츠를 추천하는 방식으로 작동할 수 있다.

또한, 가상현실(VR)과 증강현실(AR) 기술을 활용한 실감형 교육 환경은 학습자의 몰입감과 참여도를 획기적으로 향상시킨다. VR 기술은 가상공간에 실제 환경을 재현해 학생들이 현장감 있는 실습과 체험을 할 수 있도록 지원하며, AR 기술은 실제 환경 위에 디지털 정보를 중첩해 보다 직관적이고 상호 작용적인 학습을 가능하게 한다(Dalgarno & Lee, 2010). 이러한 기술은 특히 의학, 간호학, 공학, 예술 등 현장 실습과 직접적 경험이 중요한 학문 분야에서 학습 효과를 극대화할 수 있다. 예를 들어, 의학 분야에서 VR을 활용한 가상 수술 시뮬레이션은 실제 환자를 대면하기 전에 충분한 실습 기회를 제공해 기술적 능력뿐만 아니라 자신감과 윤리적 책임감을 높이는 데 기여할 수 있다. AI 기반 맞춤형 학습과 VR · AR과 같은 실감형 기술의 융합은 미래 대학 교육의 효율성과 효과를 동시에 증대시키는 강력한 도구가 될 것이다.

### 메타버스 기반의 확장형 교육 환경

메타버스 기술은 가상과 현실의 경계를 허물고 시공간의 제약을 뛰어넘는 상호 작용적이고 사회적인 학습 환경을 제공함으로써, 글로벌 교육 협력과 교류를 활성화할 가능성이 크다(Kye et al., 2021). 메타버스 환경에서는 학생들이 아바타를 통해 가상 캠퍼스와 강의실에서 수업을 듣고, 세계 각지의 학습자들과 실시간으로 교류하며, 공동 프로젝트 및 연구 활동을 수행할 수 있다. 이는 지리적 · 물리적 제약을 없애고 더욱 다채롭고 포괄적인 학습 기회를 제공한다는 점에서 미래 교육의 중요한 요소로 주목받고 있다.

그러나 VR, AR, 메타버스 기술의 실제 교육 현장 적용에는 여러 한계와 부작용이 존재한다. 첫째, 기술적 제약이 여전히 뚜렷하다. 메타버스 환경에서의 실시간 상호 작용과 현실감을 유지하려면 안정적이고 고품질의 네트워크 및 하드웨어 성능이 필수적이다. 그러나 현 단계에서는 기술적 한계로 인해 실제 사용 경험에서 몰입도와 편의성이 떨어지는 문제가 빈번하게 발생하고 있다. 둘째, 학습자의 심리적 · 사회적 부작용 가능성도 고려해야 한다. 장시간 메타버스 환경에서 학습하는 경우 현실 세계와의 괴리감, 사회적 고립감, 디지털 중독과 같은 문제가 발생할 수 있다. 또한 데이터 프라이버시와 윤리적 문제에 대한 명확한 대응책도 여전히 부족한 실정이다.

이러한 한계에도 불구하고 기술 발전 속도와 글로벌 트렌드를 고려할 때 메타버스 기반 교육 환경은 장기적으로 큰 가능성을 지니고 있다. 기술적 완성도와 제도적 보완이 이루어지면 메타버스는 교육 혁신을 주도하는 핵심 기술로 자리 잡을 수 있을 것으로 기대된다. 따라서 메타버스 기술의 현실적 한계를 인식하면서도 이를 극복하기 위한 지속적인 연구와 투자를 통해 교육적 가능성을 확대해 나가는 전략이 필요하다.

## 지속 가능한 미래 대학 교육 환경 설계

지속 가능한 미래 대학 교육 환경을 구축하기 위해서는 기술적 발전과 함께 제도적·재정적 기반이 함께 뒷받침되어야 한다. 첫째, 대학은 기술 친화적인 학습 인프라를 구축해 학생과 교수자가 첨단 기술을 손쉽게 활용할 수 있는 환경을 제공해야 한다. 여기에는 고속 인터넷과 클라우드 기반 플랫폼, AI 기반 맞춤형 학습 도구, 가상현실(VR) 및 증강현실(AR) 학습 시스템 등이 포함될 수 있다(UNESCO, 2021). 또한, 이러한 기술적 인프라는 지속적인 유지 관리와 업데이트가 가능하도록 장기적인 관점에서 계획되고 예산이 확보되어야 한다.

둘째, 지속 가능한 교육 환경을 실현하기 위해서는 대학 내외부 이해관계자 간 협력이 필수적이다. 이를 위해 정부는 혁신적인 대학 교육 프로그램 개발 및 운영을 위한 정책적 지원을 강화하고, AI 및 메타버스 등 신기술

적용을 장려할 수 있는 규제적 · 재정적 지원 체계를 마련해야 한다(OECD, 2020). 아울러 산업계와의 산학 협력을 활성화해 실질적인 기술 활용 능력과 현장 적응력을 키울 수 있는 교육 프로그램을 적극적으로 추진할 필요가 있다.

셋째, 지속 가능한 학습 환경은 기술의 도입뿐 아니라 교육 방식 자체의 혁신도 요구한다. 교수자들이 새로운 기술과 교육 방법론을 효과적으로 활용할 수 있도록 지속적인 전문성 개발 프로그램을 마련하고, 학생들이 기술 활용에 익숙해질 수 있도록 지원 체계를 구축해야 한다. 이는 결국 교수자와 학생 모두가 미래 환경에 적극적으로 대응하고 참여할 수 있는 역량을 길러 줄 것이다.

종합적으로, 지속 가능한 미래 대학 교육은 기술적 혁신과 이를 뒷받침하는 정책적 · 재정적 지원, 그리고 인적 역량 강화를 결합한 통합적 접근을 통해서만 가능하다. 대학과 정부, 산업계가 긴밀히 협력해 이러한 조건을 마련할 때 비로소 지속 가능한 미래 교육 환경이 실현될 수 있을 것이다.

## 결론: AI 시대 대학 교육의 과제와 전망

AI 기술의 급속한 발전은 대학 교육의 본질적인 구조와 운영 방식에 근본적인 변화를 요구하고 있다. AI 기반의 맞춤형 학습과 가상현실(VR), 증강현실(AR), 메타버스 기술의 도입은 기존의 일률적인 교육 방식을 넘어 학습자의 개별적 특성과 요구를 정밀하게 반영하는 교육 모델을 가능하게 한다. 이러한 기술들은 학생의 몰입감을 높이고 상호 작용적이고 현실감 있는 학습 환경을 제공해 교육 효과를 증대시키는 것으로 평가된다(Luckin et al., 2016; Dalgarno & Lee, 2010).

그러나 AI 기술은 교육 혁신을 촉진하는 동시에 교육 환경에 새로운 과제를 제기하고 있다. 특히 기술적 한계, 윤리적 이슈, 심리적 · 사회적 부작용 등 다양한 문제들이 등장하고 있다. 예컨대, 메타버스 기반의 학습 환경은 몰입도와 참여도를 높일 수 있지만, 기술의 불완전성으로 인해 현실과 가상 세계 간의 괴리감과 사회적 고립감을 초래할 가능성이 있다(Kye et al., 2021). 또한 데이터 프라이버시와 알고리즘 편향, 디지털 불평등 등과 같은 윤리적 문제가 심화될 우려도 제기된다(O'Neil, 2016).

이러한 문제를 극복하고 AI 기술의 장점을 최대한 활용하기 위해서는 대학 교육의 지속 가능성과 통합적 접근이 필수적이다. 기술적 인프라의 구축뿐만 아니라, 기술 사용에 대한 비판적 리터러시 교육을 강화하고 교수자와 학습자의 역할을 능동적이고 상호 보완적으로 재구성해야 한다. 이를 위해 대학과 정부, 산업계 간 협력적 생태계를 구축하고, 제도적, 재정적 지원을 포함한 종합적 지원 체계를 마련해야 한다(UNESCO, 2021; OECD, 2020).

AI 시대의 대학 교육 혁신은 단순히 기술의 활용이 아니라, 인간 중심의 교육 가치를 실현하고 강화하는 방향으로 이루어져야 한다. 기술과 인간이 조화를 이루며 공존하는 교육 환경을 구축하고, AI가 가진 가능성과 한계를 균형 있게 관리하며, 이를 위한 윤리적이고 성찰적인 교육 실천을 지속적으로 수행하는 것이 미래 대학 교육의 핵심 과제이자 지향점이다.

## 참고문헌

Baker, R. S. & Inventado, P. S.(2014). Educational data mining and learning analytics. In Larusson, J. A. & White, B. (Eds.). Learning Analytics, pp.61～75. Springer.

Brynjolfsson, E. & McAfee, A.(2014). *The second machine age: Work, progress, and prosperity in a time of brilliant technologies.* WW Norton & Company. 이한음 옮김(2014). 《제2의 기계 시대: 인간과 기계의 공생이 시작된다》. 청림.

Dalgarno, B. & Lee, M. J.(2010). What are the learning affordances of 3-D virtual environments?. *British Journal of*

*Educational Technology, 41*(1), pp.10～32.

Kye, B. et al.(2021). Educational applications of metaverse: possibilities and limitations. *Journal of Educational Evaluation for Health Professions, 18*(32), pp.1～13.

Luckin, R. et al.(2016). *Intelligence unleashed: An argument for AI in education.* Pearson Education.

O'Neil, C.(2016). *Weapons of math destruction: How big data increases inequality and threatens democracy.* Crown Publishing Group. 김정혜 옮김(2017). 《대량살상 수학무기: 어떻게 빅데이터는 불평등을 확산하고 민주주의를 위협하는가》. 흐름.

OECD(2020). *Digital transformation in education.* OECD Publishing, Paris.

UNESCO(2021). *AI and education: Guidance for policy-makers.* UNESCO Publishing, Paris.

**김홍규**

한양대학교 창의융합교육원 과학철학교육위원회 강사 및 HY-과학기술윤리·법·정책센터 전문연구원. 한양대학교 철학과를 졸업했다. 동대학원에서 석사 학위와 박사 학위를 받았다. 박사 학위 주제는 "플로리디의 정보철학과 인공지능 윤리"다. 한양대학교, 광운대학교, 숭의여자대학교, 북일고등학교 등에서 강의한 경험이 있으며, 현재 한양대학교에서 과학기술 철학과 인공지능 윤리를 가르치고 있다. 과학기술에 대한 철학적 접근, AI 리터러시, 그리고 AI 윤리 교육을 주제로 연구를 진행하고 있다. 논문은 "PBL을 활용한 AI 리터러시 교육 사례 연구: 한양대학교 '인공지능의 철학' 과목의 주제 구성과 운영"(2024), "이미지 생성 AI 발전에 따른 교양교육의 방향성 연구"(2024) 등이 있다. 연구 과제로 "인공지능시대의 교육혁신방안 연구"(국가교육위원회, 2024), "AI를 통해 생성된 연구결과물에 대한 연구윤리 이슈 및 대안 연구: ChatGPT 등을 중심으로"(한국연구재단, 2023), "생성형 인공지능이 제기하는 학습윤리적 쟁점에 관한 연구: 챗GPT 사례를 중심으로"(한국연구재단, 2023), "AI·메타버스 서비스 실현을 위한 윤리적 고찰과 가이드라인 설계"(전략컨설팅집현 주식회사, 2022) 등에 참여했다.